Wolfgang Ockenfels

WAS KOMMT
NACH DEM
KAPITAL
ISMUS?

Wolfgang Ockenfels

WAS KOMMT NACH DEM KAPITAL ISMUS?

 Sankt Ulrich Verlag

Bibliographische Information der Deutschen Bibliothek

Die Deutsche Bibliothek verzeichnet diese Publikation in der
Deutschen Nationalbibliographie; detaillierte bibliographische Daten
sind im Internet über http://dnb.ddb.de abrufbar.

© 2011 by Sankt Ulrich Verlag GmbH, Augsburg
Alle Rechte vorbehalten
Titelbild: eyewave - Fotolia.com
Umschlaggestaltung: uv media werbeagentur
Mediengruppe Sankt Ulrich Verlag, Augsburg
Druck und Bindung: Bercker Graphischer Betrieb GmbH & Co. KG, Kevelaer
Printed in Germany
ISBN 978-3-86744-177-3
www.sankt-ulrich-verlag.de

Inhalt

Nach der Krise ist vor der Krise

Entwarnung wird nicht gegeben

Die Deutschen werden oft von Gemütsschwankungen heimgesucht. Gestern noch im Tal der Tränen, wandeln sie morgen schon in den schwindelnden Höhen der Euphorie. Im Höhenrausch guter Wirtschaftslaune sind frühere Fehler schnell vergessen und lassen sich rasch wiederholen. Kaum haben sich die eisigen Stürme der Finanz- und Wirtschaftskrise etwas verzogen, verkünden die professionellen Schönwettermacher bereits das Ende der Krise. Die Sonne des Wachstums erscheint am östlichen Horizont, ein warmer Regen von Aufträgen und Gewinnen tropft in die Geschäftsbücher und Staatskassen, die Arbeitslosigkeit geht leicht zurück. Entdramatisierung ist angesagt. Leichtfertig wird Entwarnung gegeben.

Vielleicht beruht der mentale Klimawandel „nach" der großen Krise auf einem Irrtum oder auf Täuschung. Meteorologen unterscheiden zwischen Wetter und Klima und wissen, daß Wetterveränderungen (dann und wann und hier und dort) noch längst keinen globalen Klimawandel ausmachen. Berufsoptimistische Politiker, die auf die nächsten Wahlen starren, wie auch die auf schnelle Erfolge eingestellten Manager kennen diese meteorologische Unterscheidung nicht. Sie machen aus einigen Schwalben einen ganzen Sommer und haben nur eine Sorge: Daß nämlich ihr schöner kleiner Aufschwung kaputtgeredet werden könnte.

Jetzt bloß keine Debatten mehr führen über das anhaltende moralische Fehlverhalten vieler Bankmanager. Jetzt bloß nicht mehr die schweren ordnungspolitischen Sünden der Politiker zur Sprache bringen. Jetzt bloß nicht mehr an die wachsende Staatsverschuldung erinnern. Denn die Leute sollen der Regierung glauben, es würde „gespart", d. h. Geld zurückgelegt, wo doch nur die Neuverschuldung etwas begrenzt wird.

Nach den Erfahrungen mit der Weltwirtschaftkrise Anfang der dreißiger Jahre des vorigen Jahrhunderts hatten sich Wirtschaftsdenker wie *John M. Keynes* und *Wilhelm Röpke* Gedanken darüber gemacht, wie der Kapitalismus vor seiner eigenen Krisenanfälligkeit zu retten sei. Auf weltkirchlicher Ebene gab *Pius XI.* 1931 mit seiner Enzyklika „Quadragesimo anno" wichtige Hinweise zur Reform eines Monopol- und Finanzkapitalismus, der dem Prinzip der Subsidiarität zu unterwerfen sei. Diesem Sozialprinzip entsprechend sollten sich die notwendige „Gesinnungsreform" und die erforderliche „Zuständereform" miteinander verbinden. Organisiert werden sollte dies durch „intermediäre Gewalten", die zwischen den einzelnen Personen und den Gemeinschaftsbelangen zu vermitteln haben: Familien, Parteien, Verbände, Kirchen etc. Wo sind sie geblieben?

Welcher Politiker wäre heute in der Lage, Subsidiarität, diesen Zungenbrecher, dem staunenden Volk zu erklären? Vom subsidiären Leitbild ist in der Praxis nicht mehr viel übrig geblieben. Es geriet zwischen die Mühlsteine der Individualisierung einerseits und eines staatlichen (europäischen) Zentralismus andererseits. Ohne Bindung an das Subsidiaritätsprinzip stehen sich strukturferne Moralisten und moralfreie Strukturalisten verständnislos gegenüber. Diese folgen der Ideologie der Machbarkeit und zentralen Planbarkeit, während jene die persönliche Moral privatisieren und somit relativieren.

Da spielt es schon keine Rolle mehr, wie man das heute bei uns vorherrschende System nennt. Von „sozialer Marktwirtschaft" im ursprünglich subsidiären Sinne ist kaum mehr die Rede. Ihre Entstehungsgeschichte, ihre normativen Voraussetzungen, ihr ordnungspolitisches Programm sind sogar in den Wirtschaftswissenschaften so gut wie vergessen. Aber auch die alternativen Begriffe „Kapitalismus" und „Sozialismus" scheinen einstweilen ausgedient zu haben. Jedenfalls sind sie kaum mehr geeignet, die politisch-ökonomische Wirklichkeit abzubilden oder normativ zu erfassen. Wirtschaftsordnungen sind

8

inzwischen so komplex und variabel, daß sie sich sogar der Chaos-Forschung als Gegenstand entziehen.

Zum „Kapitalismus" sind viele und ganz unterschiedliche Begriffsdefinitionen im Umlauf, und keine ist verbindlich. Dieser Begriff ist wie ein Schwamm, der sich mit verschiedenen Inhalten aufsaugt, und mit dem man die größten Unterschiede verwischen kann. Deshalb eignet er sich besonders gut zur abwertenden Polemik. Besonders in Deutschland, wo er seit je mit negativen Bedeutungen eingefärbt wurde und als Generalsündenbock herhalten mußte. „Ich habe nicht Soziologie studiert und weiß nicht, daß der Kapitalismus an allem schuld ist", bemerkte *Karl Kraus*.

Das Wort „Kapitalismus" hat hierzulande einen schlechten moralischen Klang. Nicht zu Unrecht, denn die mit ihm bezeichnete Wirklichkeit hat in Deutschland und anderwärts übel nachgewirkt, während der Begriff im anglo-amerikanischen Sprachbereich vorwiegend als neutrale, eher beschreibend-analytische Bezeichnung für ein effizientes Wirtschaftssystem aufgefaßt wird, das auf Privateigentum, Markt, Wettbewerb und Gewinn aufbaut. In diesem Sinne ist das Bonmot von *Winston Churchill* zu verstehen, wonach der Sozialismus die gleichmäßige Verteilung der Armut, der Kapitalismus die ungleichmäßige Verteilung des Reichtums sei.

Tief eingewurzelt ist bis heute in Deutschland die Vorstellung von der dem Kapitalismus immanenten Ungerechtigkeit, wobei Gerechtigkeit leider oft mit Gleichheit verwechselt wird. Aber was heißt hier Gerechtigkeit? Überdies spielt bei uns die Arm-Reich-Debatte eine wesentlich größere Rolle als in den USA. Aber was heißt hier Armut im Unterschied zum Reichtum? Und wenn Kapitalismus die „Herrschaft des Kapitals" bedeuten soll, was heißt hier Kapital, wer sind die Kapitalisten – und wie legitimieren sie ihre Herrschaft? Das sind alles Fragen, die weit über die politisch-ideologische Alltagsrhetorik hinausweisen und in der massenmedialen Bewußtseinsbildung zu kurz kommen. Dabei ist die Prägung und Verwendung von Begriffen immer schon auf eine politische Machtfrage hinausgelaufen.

In der gegenwärtigen Konfusion von Begriffen und Ordnungen erscheinen aber Staatskapitalismus und Liberalsozialismus inzwischen fast als austauschbare Größen. Im Kuddelmuddel täglich neuer Probleme und konkurrierender Ansprüche torkeln die Parteipolitiker populistisch mal nach links, mal nach rechts, wobei auch die Links-Rechts-Unterscheidung nichts Eindeutiges mehr hat. Das Schwanken ist zum Prinzip geworden. Und die christlich überlieferte Moral der Zehn Gebote verflüchtigt sich immer mehr.

Freilich hat es eine geschichts- und kulturübergreifend ideale Wirtschaftsordnung in Wirklichkeit nie gegeben. Auch die soziale Marktwirtschaft in ihrer konkreten Entfaltung hat keine *essentia metaphysica* von gleichbleibender Gültigkeit. Sie hat sich allerdings in Übereinstimmung mit der katholischen Soziallehre von der Losung des Liberalismus, nämlich der Verwahrlosung der Sitten, distanziert. Und auch von einem *laissez faire*-Kapitalismus, den man als ökonomische Fahrlässigkeit verstehen muß. Andererseits wußte man spätestens nach 1989 sehr gut, warum sich der „Realsozialismus", der sich auf den Marxismus-Leninismus berief, auf Dauer nicht halten ließ. Wenn man doch wenigstens aus den alten Systemkrisen lernen könnte, um neue zu vermeiden, dann könnte man auch leichter einen neuen „Dritten Weg" ohne Schwankungen ins Auge fassen.

Einen dritten, gangbaren Weg zwischen zwei Irrwegen zu suchen, setzt freilich die Existenz und Evidenz solcher Irrwege voraus. Schön wäre es ja, sich auf der Suche nach einer strategisch günstigen Mittellage bloß noch von extremen Alternativen abgrenzen zu müssen. Seit dem Verschwinden des „Realsozialismus" und der globalen Ausbreitung des „Kapitalismus" sind uns leider die Vergleichsmöglichkeiten abhanden gekommen. So sehr wir den Zusammenbruch des Ostblock-Sozialismus 1989 begrüßt haben und wir auch das baldige Ende der letzten Relikte in Nordkorea und Kuba erwarten dürfen: Es fehlt der Systemkonkurrent für einen Wettbewerb der Systeme. Ein Wettbewerb um die jeweils besseren Lösungswege findet nicht statt, wenn es nur noch ein Kapitalismusmonopol gibt, das auf Monopolkapitalismus hinausläuft.

Aber das ist eher eine theoretische Frage. In Wirklichkeit gibt es heute viele konkurrierende Kapitalismusvarianten. Darunter nicht wenige, die sich mit sozialistischen Elementen angereichert haben. Es gibt sogar – vor allem in lateinamerikanischen Ländern wie Bolivien und Venezuela – eine gewisse sozialistische Renaissance. Angenommen, daß diese Entwicklung als Reaktion auf einen allzu wilden Kapitalismus zu verstehen ist, bleibt immer noch die Frage: Sind „Sozialismus" und „Kapitalismus" nur formale Worthülsen – oder Begriffe, die eine unverwechselbare inhaltliche Bedeutung haben?

Sprechen wir also nicht vorschnell von endgültigen Verabschiedungen. Die Geschichte hält viele Überraschungen parat. Auch wenn sich Dogmatiker und Systemgläubige nicht gerne überraschen lassen. Plötzlich und unerwartet verstarb der „Realsozialismus". Er ruhe in Frieden, auch wenn wir schreckliche Erinnerungen an ihn haben. Wird er aber in anderer Gestalt wieder auferstehen? Gibt es eine säkulare Reinkarnation von Ideologien und Systemen? Diese Frage richtet sich unversehens auch an den Kapitalismus, wie wir ihn kennengelernt haben: schwächlich kränkelnd, von Krisen erschüttert. Doch Todgesagte leben länger. Und weit verbreitet ist auch die Meinung, daß Tote wenigstens in ihren Kindern und Enkeln weiterleben.

Mir scheint, der Kapitalismus überlebt nicht als ein geschlossenes System, als eine fest gefügte Ordnung. Er ist eher das Fehlen einer verbindlichen Ordnung und repräsentiert das moralische und rechtliche Systemdefizit. In dieser unbestimmten Offenheit ist er anfällig für jede Art von individueller Willkür und ideologischer Beliebigkeit. Offen sogar für seinen eigenen Untergang. Darin ist er sehr modern, geradezu postmodern. Wenn er aber den Gipfel seiner öffentlichen und privaten Bedeutsamkeit erreicht hat, sackt er in sich zusammen und offenbart sich als ein schäumendes Nichts.

Was kommen mag

Aus der Bibel kennen wir den naturalen Rhythmus von sieben mageren und sieben fetten Jahren. Auch die Erfahrung mit der modernen Wirtschaftswelt scheint die ewige Wiederkehr eines Konjunkturzyklus zu bestätigen, der sich aber nicht auf die geheiligte Zahl sieben festlegen läßt und sich überdies verläßlicher Berechnung entzieht. Diese Unberechenbarkeit ist eine Frechheit, die sich der Geschichtsverlauf gegenüber den politökonomischen Technokraten herausnimmt. Mit den Konjunkturen und Strukturen wird man einfach nicht fertig. Wegen der „Imponderabilien", hätte *Bismarck* gesagt. Und der war eher ein preußischer Staatssozialist als ein Kapitalist.

Ob Sozialist oder Kapitalist, beide Typen kamen und kommen ohne Staatsverschuldung nicht zurecht, wenn sie Investitionen für eine „gedeihliche Zukunft", ob durch militärische Aufrüstung oder Industriepolitik, tätigen. Dafür gibt es ja schließlich private Banken und das staatliche Geldmonopol. Mit denen läßt sich prächtig „Zukunft gestalten". Wenn man nur wüßte, wie diese Zukunft aussehen *sollte*. Und wie sie tatsächlich aussehen wird, wenn man so weitermacht.

Schulden und Schuld

Erst mußte die Finanzwirtschaft gerettet werden, jetzt geht es wieder mal um Wachstumsbeschleunigung. Alles auf Pump und alles durch den Staat. Dabei hatten uns schon unsere Eltern vor zu großer Verschuldung gewarnt, und auf den „Vater Staat" zu vertrauen, lag ihnen fern. Sie hatten ja ihre Erfahrungen gemacht im vorigen Jahrhundert: mit zwei Staatsbankrotten und entsprechenden Inflationen.

Der vater- und mutterlosen, mithin auch kinderlosen Gesellschaft der Gegenwart fehlen diese Erfahrungen. Eine aussterbende Gesellschaft macht gerne Schulden. Und Kinder, die nicht mehr geboren werden, müssen die Schulden nicht mehr begleichen. Nur die wenigen jungen Leute, die wir noch aufzubieten und nach Strich und Faden verwöhnt haben, spüren, daß da etwas auf sie zukommt. Sie ahnen, daß die Verheißungen ständigen Wachstums brüchig sind, und daß sich der Staat einmal bei ihnen das zurückholen muß, wovon wir in den vergangenen Jahrzehnten wirtschafts- und sozialpolitisch gezehrt haben.

Trübe Aussichten also, die durch forcierten Optimismus überspielt werden müssen. Dabei ist längst klar, daß sich die gegenwärtigen und künftigen Wachstumsprognosen nicht in Europa, sondern in östlichen und südlichen Erdteilen erfüllen werden. Das mag man, aus weltweiter und weltkirchlicher Perspektive betrachtet, sogar als Erfüllung einer globalen Leistungsgerechtigkeit werten. Schließlich sind „die Chinesen auch Menschen", wie ein rheinisch-katholischer Unternehmer sich auszudrücken pflegte.

Die „gelbe Gefahr" haben wir uns selber zuzuschreiben. Und das Wirtschaftswachstum ist nicht so leicht planbar wie das Wachstum der Geldmenge. Einige Schlaumeier im wissenschaftlichen oder politischen Gewand meinen inzwischen, sich des Schuldenwachstums durch verstärkte Inflation entziehen zu können. Das wäre doch ein bequemer Weg, sich der hohen Staatsverschuldung zu entledigen. Eine Inflationierung des Geldes läuft jedoch auf eine ungerechte Enteignung sparsamer Bürger und Gläubiger hinaus. Also auf staatlichen Diebstahl. Schon *Joseph Kardinal Höffner,* der berühmte Sozialethiker und Erzbischof von Köln, wies darauf hin, daß Schulden etwas mit moralischer Schuld zu tun haben können.

Wirtschaftskrisen werden durch staatliche Planung und Intervention weder verhindert noch aufgehalten, sondern nur zeitlich gedehnt, auf die Zukunft verschoben. Geld macht bekanntlich nicht glücklich. Aber es enthält nur dann eine beruhigende Sicherheitsverheißung, wenn es in Zukunft seinen Wert nicht verliert.

Die schuldenfinanzierte staatliche Wirtschafts- und Sozialpolitik ist ein Unding, an dem sich christliche Sozialethiker nicht länger beteiligen sollten. Mit Mühe und Not bedient der staatliche Kapitalismus die Zinsen für seine expliziten Kredite, die inzwischen an die zwei Billionen Euro erreicht haben. Aber keiner sollte sein Credo daran verschwenden, zu glauben, daß die impliziten Staatsschulden von über sieben Billionen Euro (einschließlich der Forderungen von Renten und Pensionen) jemals getilgt werden könnten. Über die jetzt wieder staatlich verlautbarte Rentengarantie werden die in zwanzig Jahren zur Herrschaft gelangten Schrumpfgermanen nur lachen: Keine Kinder, keine Rente.

Aber auch: Ohne Kinder kein Wachstum. Inzwischen wird schon ein geringes Wirtschaftswachstum als riesiger Erfolg gefeiert. Und vom Wachstum erwartet man überdies eine Lösung der Schuldenkrise, obwohl die Schulden erheblich gewachsen sind, um gerade das Wachstum zu beschleunigen. Ein magischer Zirkel, der uns seit Jahrzehnten umkreist: Die Schulden bewirken ein Wachstum, das gerade durch sie gehemmt wird. Und kaum ist wieder etwas Wachstum da, verschärft sich der Umverteilungskampf im wachsenden Abstand zwischen Arm und Reich. Ist das alles naturgesetzlich vorgegeben, oder sollen wir uns Gedanken machen über eine neue Ordnung von Wirtschaft, Gesellschaft und Staat?

Immer noch, Gott sei Dank, unterscheidet sich das persönlich verantwortliche „bürgerliche" Verhalten von dem des öffentlichen Zugriffs auf eine Zukunft, für die kein demokratischer Politiker persönlich haften will. Aber es gibt ihn noch, den treusorgenden Familienvater und verantwortlichen Eigentumsunternehmer (die weibliche Form ist eingeschlossen), der in fetten Zeiten vorsorgt, um in mageren wenigstens überleben zu können, ohne von staatlichen Hilfen abhängig zu sein. Zugegeben: eine aussterbende Gattung, die sich nicht durch finanzielle Anreize des Staates korrumpieren läßt. Vielen Privatkapitalisten, die sich in ihrer Konsum- und Expansionsgier nicht zügeln können, weil sie ihre Schulden nicht „bedienen" können, droht der Offenbarungseid, der unserem Staat einstweilen (wie lange noch?) erspart bleibt.

Diese Drohung wirkt leider nicht mehr auf die Inhaber der Staatsgewalt, egal wie sie sich parteipolitisch zusammensetzt. Es soll Zeiten unter *Adenauer* gegeben haben, in denen der Staat wie ein guter Hausvater Vorräte für magere Zeiten ansammelte. *Fritz Schäffers* „Juliusturm" ragt aus einer versunkenen Welt hervor und ist nun bei Wikipedia als symbolisches Relikt zu bestaunen. Hier erfährt man ganz nebenbei, daß die acht Milliarden Mark, die der Finanzminister *Schäffer* damals ansparte, „nach heutigem Wert" ca. 35 Milliarden Euro ausmachen. Der Zusammenhang von Wertewandel und Inflation, von geistig-moralischen und finanziellen Werten bedarf einer Klärung, soviel ist wenigstens sicher.

Seit *Helmut Schmidt,* dem immer noch unermüdlichen Weltökonom, gehört die Schuldenmacherei zur deutschen Staatsräson. Sie erinnert an das „deficit spending" des *J. M. Keynes,* auf den sich heute immer noch, aber mißbräuchlich, die politisch-ökonomischen Wunderheiler berufen, wenn sie ihr schuldenfinanziertes Wachstum betreiben. Jetzt mehren sich die Zweifel, ob permanentes Wirtschaftswachstum notwendig zur Marktwirtschaft vulgo Kapitalismus gehört – und ob es ausgerechnet der Staat zu garantieren habe. Der Staat verdirbt die guten Sitten seiner Bürger. Wer ihm nacheifert, landet im Schuldenturm. Oder bei der Schuldenberatung einer Nanny im Fernsehen.

Bange Prognosen

Auf der nach oben offenen Krisenskala ist noch viel Platz. Einstweilen spielt sich „die Krise" vor allem in den Köpfen ab. Dort aber geht sie um wie ein Gespenst: unsichtbar, aber wirksam. In der sozialökonomischen Realität zeigen sich in Deutschland bisher nur wenige Vorboten des drohenden Absturzes. Dennoch ist die Angst omnipräsent und nagt an unserem Selbstgefühl. Gegen Krise und Angst hilft kein Pfeifen im Walde, helfen auch keine Ablenkungsmanöver durch Fußballspiele und andere Lustbarkeitswettbewerbe. Deren nationale Niederlagen oder Siege fallen nicht auf die Regierungen zurück. Und mit den vielen Spielen können wir nicht überspielen, daß wir in Zukunft nähere Bekanntschaft mit höchst unangenehmen ökonomischen Wettbewerbern machen.

Die europäischen Regierungen tun mit ihren Rettungsaktionen inzwischen alles, was eine apokalyptische Zuspitzung abwenden soll. Aber aufgeschoben ist nicht aufgehoben. Realist ist heute, wer sich *nicht* auf den Staat verläßt, sondern sich rechtzeitig selber absichert. Die schönen Wahlversprechen sind verblaßt, wer sich auf sie einließ, hat sich zum Narren gemacht. Die Verheißungen besserer Zeiten sind verglüht. Wer sich auf ständiges Wirtschaftswachstum einstellte, blamiert sich als betrogener Betrüger. Skeptiker erweisen sich als die eigentlichen Realisten und sagen: So kann es nicht weitergehen. Aber wie soll es weitergehen? Und wohin?

Das sind schwierige, geradezu geschichtsphilosophische Fragen. Wohin führt die Entwicklung, in welche „Werte" sollen wir jetzt „einsteigen"? Sichere Antworten darauf kann auch die katholische Soziallehre nicht erteilen, jedenfalls nicht im Sinne der Effizienzsteigerung. Sie ist ohnehin nicht dazu da, ökonomische Erfolgsaussichten zu verheißen. Höchstens kann man aus ihr ableiten, wie in kritischen Situationen generell zu verfahren ist. Die Situation ist inzwischen aber so verfahren, daß man nur mit großen Schwierigkeiten die klassischen sozialethischen Prinzipien anwenden kann.

Wenigstens hat sich herumgesprochen, daß man die wachsenden Probleme nicht mit wachsenden Schulden lösen, d.h. auf die lange Bank der Zukunft schieben kann. Nun „sparen" die Regierungen, wo sie einsparen können. Zwar halbherzig, aber sie versuchen es. Populär ist das nicht, denn sie treten dabei vielen Transfer- und Subventionsempfängern auf die Füße. Und die sind dabei, zur Mehrheit der Wahlbevölkerung zu werden. Kein Wunder, daß es vor allem jene trifft, die kein lautstarkes Protestpotential aufbieten können, also kinderreiche Familien und Arbeitslose.

Ist das etwa ungerecht? Im Falle der Familien, die die Zukunftsfähigkeit der Gesellschaft zu sichern haben, kann man diese Frage bejahen. Die Familienarbeit wird hierzulande weder gewürdigt noch hinreichend prämiert. Sozial gerecht, so hieß es einmal, ist das, was Arbeit schafft. Diese Parole war sehr egoistisch auf die Gegenwart bezogen. Jetzt müßte es heißen: Gerecht ist, was Arbeit nicht auf Kosten der Zukunft ermöglicht. Also nicht auf Kosten der Familien, d. h. der Kinder. Es bleibt dabei: Wohlstand ist nur durch Arbeit, nicht durch Schuldenmacherei und Spekulation zu schaffen.

Nach der Krise ist vor der Krise. Auf diese bange Prognose stellen sich viele Zeitgenossen derzeit ein. Denn die Ereignisse der vergangenen Jahre sind noch längst nicht abgeschlossen und ausgestanden. Kommt nach der Finanz- und Wirtschaftskrise eine übergreifende Währungs- und Schuldenkrise der Staaten? Diese Frage überschreitet bei weitem den nationalen Horizont eines *Thilo Sarrazin*. „Deutschland schafft sich ab" ist gewiß eine beachtenswerte These, die den „Migrationshintergrund" auszuleuchten versucht. Aber ob die Deutschen als Volk und Kulturträger auf lange Sicht aussterben, ob sie überhaupt noch an einer eigenen wettbewerbsfähigen „Volks"-Wirtschaft interessiert sind, müssen vor allem die Deutschen mit sich selber ausmachen. Und mit jenen, die als weniger produktive Migranten im Hintergrund stehen, aus welchen Gründen auch immer.

Aber eine weltbewegende, die katholische Soziallehre betreffende Ordnungsfrage ist das nicht. Völker kommen und gehen im Lauf der Jahrhunderte – und sie vermischen sich. Die Weltgeschichte hat den eingeborenen Deutschen keine ewige Bestandsgarantie verheißen. Es gibt kein Naturrecht, keinen nationalen Anspruch auf ewiges Wachstum in einem paradiesischen Wohlfahrtsstaat. Die *Ludwig Erhard*'sche Verheißung „Wohlstand für alle" setzte noch die Geltung von Werten und Tugenden („Maßhalten") voraus, die heute bei uns kaum noch im Umlauf sind. So könnte die Wohlstandsverheißung jetzt auch mal in anderen, bisher darbenden Erdteilen in Erfüllung gehen. Ist das etwa ungerecht? Geht es unter dem Aspekt der Leistungsgerechtigkeit mit rechten Dingen zu, wenn vormalige Hungerleider nun in den Wohlstand aufrücken und „uns" überflügeln?

Anscheinend wirtschaften die alten Industrienationen zunehmend ab – und neue Wettbewerber betreten die Weltwirtschaftsbühne. Hier wird unsere Aufmerksamkeit auf eine globale Wirtschaftsordnung gelenkt, die eine universale Geltung beanspruchen kann. Soll das der notorisch krisenanfällige „Kapitalismus" sein? Als Finanzfachmann hätte *Sarrazin* vielleicht besser ein Buch schreiben sollen mit dem warnenden Titel: „Der Kapitalismus schafft sich ab"; noch besser unter dem Titel der Zukunftsfrage: „Was kommt nach dem Kapitalismus?"

Auf diese Frage erhielt ich von einem internationalistischen Nationalökonomen die Antwort: „Natürlich der Kapitalismus!" Nach wie vor scheinen diese Leute keine blasse Ahnung zu haben von dem, was im *ethischen* Sinne „natürlich" ist – und was ordnungspolitisch sein *sollte*. Dazu gehört nämlich die Unterscheidung der Geister, die Unterscheidung zwischen realen und nominalen Werten und Wertbegriffen. Schön wäre es ja, wenn es eine ethisch akzentuierte soziale Marktwirtschaft im Weltmaßstab geben könnte, für die *Benedikt XVI.* plädiert. Aber dazu müßten wir sie erst einmal bei uns neu entdecken. Einschließlich einer Politik, die auch das Migrations- und Integrationsproblem zu lösen sucht.

Noch einmal davongekommen?

Es erübrigt sich hier, die bekannten Fakten über Ursachen, Entwicklungen und Etappen der Krise zu wiederholen. Über die Finanz-, Wirtschafts- und Schuldenkrise gibt es inzwischen eine Fülle von Publikationen, die mit zahlreichen empirischen Daten vollgestopft sind. Leider kommen diese Veröffentlichungen etwas zu spät. Wir hätten gerne schon vor einigen Jahren mehr von den realistischen Diagnosen der globalen Finanzwelt erfahren. Und von einem verantwortlichen Umgang mit Derivaten und Zertifikaten gehört, bevor man sich auf solche oder ähnliche Finanzprodukte eingelassen hat. Es fehlte an kritischen Stimmen der Diagnose einer Krankheit, die sich wie eine Epidemie verbreitete. Ganz zu schweigen von einer kritisch warnenden Prognose möglicher und wahrscheinlicher Folgen. Die wenigen, die sich daran wagten, wurden als unzeitgemäße Unheilspropheten abgetan, die die modernen Wachstumserwartungen hintertrieben.

Wer heute über das Thema „Kapitalismus" schreibt und mit der Frage „Noch einmal davongekommen?" konfrontiert wird, kann nicht wissen, wie morgen die Aktien stehen, und ob wir nicht längst für einen weltweiten *Crash* vorgesehen sind. Das kommt davon, daß die Zukunft unter anderem den Nachteil hat, daß sie noch nicht ist. Und daß besonders die Ökonomiker sich als Komiker entpuppen, wenn sie einen Blick in die Zukunft werfen. Wer sich auf die Zunft der heute tonangebenden Wirtschaftswissenschaftler verläßt, ist bereits verlassen.

Ihre Stärke ist die Obduktion einer Leiche. Aber vorherzusagen, wie der Patient bei völliger Gesundheit so lange krank sein konnte, bis er verblich, ist nicht Sache einer Wissenschaft, die vor lauter Funktionalismus, mathematischen Formeln und ökonometrischen Techniken nicht mehr weiß, was passiert. Es würde sich lohnen, über Nutzen und Nachteil der Wirtschaftswissenschaften – wie sie sich heute überwiegend präsentieren – näher nachzudenken. *Robert Farrell,* Nestor seines Faches „Technische Marktanalyse", stellte die Regel auf: „Wenn alle Experten und alle Voraussagen übereinstimmen, entwickeln sich die Dinge ganz anders." Dieser Regel können wohl alle Experten zustimmen. Um so schlimmer für die Dinge.

Mir ist noch gut und gern in Erinnerung, wie ein bedeutender Finanzwissenschaftler aus Fribourg namens X, der sich stets von der katholischen Sozialtradition distanzierte, bei seinen eigenen Spekulationen über die Wupper ging. Das sollte seinen Studenten eine Warnung gewesen sein. Oder sie zumindest auf jene Ordnungspolitik verwiesen haben, die in Deutschland mit der Einführung der sozialen Marktwirtschaft Einzug hielt und die noch ein Mindestmaß moralischer Verantwortung bei allen Marktteilnehmern voraussetzte.

Eine Zuspitzung der Weltwirtschaftskrise scheint einstweilen nur abgewendet werden zu können, wenn die Regierungen Europas und der USA massiv in den Finanzmarkt eingreifen. So massiv, daß man von einer partiellen Verstaatlichung reden kann. Bestätigt sich jetzt die altlinke „Stamokap"-Theorie, wonach der Staat als Reparaturwerkstatt des Kapitalismus zu gelten hat? Wie will da der „freie Westen" jetzt noch als Lehrmeister Chinas und Rußlands auftreten?

Nun wird uns nicht nur in Deutschland, sondern weltweit eine neue Systemdebatte aufgezwungen. Dabei melden sich Globalisierungsverweigerer wie auch Neo-Neomarxisten besonders laut zu Wort. Hierzulande haben wir lange Zeit aus guten Gründen den polemischen Begriff „Kapitalismus" gemieden. Unser ganzer Stolz war die soziale Marktwirtschaft. Sie ist sogar noch in ihrer verstümmelten Form sehr erfolgreich gewesen. Überdies ließ sie sich ganz gut vereinbaren mit der naturrechtlichen Eigentumslehre der katholischen Soziallehre und dem Subsidiaritätsprinzip. Demnach liegt die Ordnungskraft des Privateigentums vor allem in der Verantwortlichkeit der Eigentümer. Der Staat sollte vor allem einen rechtlichen Ordnungsrahmen bilden, innerhalb dessen sich die Initiative der Akteure verantwortlich zu bewähren hat. Was bleibt aber von dieser freiheitlichen Ordnung übrig, wenn die Kapitaleigentümer oder deren Manager die Risiken nicht mehr beherrschen und tragen? Und wenn sie nur Gewinne einstreichen, die Verluste aber auf den Staat abwälzen wollen?

Vergessen ist die alte Einsicht, daß die Marktwirtschaft zwingend Privateigentümer voraussetzt, die bei richtigen Entscheidungen vom Markt (nicht vom Staat) mit Gewinn belohnt, bei falschen mit Verlust bestraft werden. Diese marktimmanente Sanktion muß als Disziplinierung allzu waghalsiger Entscheidungen erhalten bleiben. Sonst bleibt nur noch der Staat,

der die „Anreize" nach Belieben setzt und das politisch gewünschte Verhalten rechtlich erzwingt. Dann ist es aber aus
mit der wirtschaftlichen Freiheit. Und vorbei mit wirtschaftlicher Effizienz und Prosperität. Politiker zeichnen sich weder
durch tiefere ökonomische Kenntnisse noch durch höhere, den
Unternehmern überlegene Moral aus.

Um der verantwortlichen Freiheit der Wirtschaftssubjekte
willen pochen wir jetzt verstärkt auf die Moral der einzelnen.
Als Moral noch religiös verankert war, trug sie erheblich zur
Disziplinierung der Willkür und zur Sinnerfüllung der Freiheit
bei. Jetzt, da sie ihre christliche Bodenhaftung weitgehend
verloren hat, wird sie oft selber zur Willkür. Immerhin beklagt
man nun den Verlust von Werten. Vertrauen und Glaubwürdigkeit werden allenthalben beschworen, vor allem von jenen,
die diese Ressourcen leichtsinnig verspielt haben. Die Zehn
Gebote werden wieder entdeckt, die Tugenden neu gefordert.
Aufregender als Tugenden sind freilich die abschreckenden Laster, die sich auch besser verfilmen lassen. Als Laster, die zur
Hypotheken- und Finanzkrise beigetragen haben, wurden von
Gerhard Schwarz in der Neuen Zürcher Zeitung genannt: „Gier,
Maßlosigkeit, Anmaßung, Eitelkeit, Übertreibung, Unvernunft
und Inkompetenz". Vor sieben ähnlich klingenden Lastern haben uns schon die frühchristlichen Theologen gewarnt, ohne
die Rettung der Marktwirtschaft in den Blick zu nehmen.

Der Markt entbindet nicht nur Kräfte der Selbstheilung,
sondern auch der Selbstzerstörung. Zur Abwehr destruktiver
Potenzen entwickelten die ordoliberalen Vordenker bereits Institutionen und Instrumente, mit denen sich Kartelle und Monopole wirksam bekämpfen ließen. Ein erweiterter Ordnungsrahmen wird die gesamte Weltwirtschaft umfassen und dabei
besonders die Finanzwirtschaft ergreifen müssen.

Denn der „Marktmechanismus" – ein antiquierter und irre-
führender Ausdruck – funktioniert nicht wie eine Maschine.
Erst recht verhalten sich Menschen, die sich im Wettbewerb auf
dem Markt begegnen, nicht wie Automaten. Als freie Subjekte
bleiben sie letztlich unberechenbar. Aber ohne moralische

Regeln, die für alle gelten, erreichen sie kein gegenseitiges Vertrauen. Eine für alle geltende Moral läßt sich nur von Gott her denken, also religiös begründen. Merke: Ohne Moral und Religion zerfällt auch das schönste System.

Endzeitstimmungen

Die „Zeichen der Zeit" immer günstig zu deuten, gehört zu den alten Tricks der Astrologie. In die Nachfolge der alten Stern-deuter und Kaffeesatzleser sind heute die Konjunkturprogno-stiker getreten. Das sind beispielsweise die „Weisen", die für ihre Gutachten von der Bundesregierung dafür bezahlt werden, gute Stimmung zu verbreiten. „Aufwärts immer, rückwärts nimmer" war übrigens auch eine Parole der DDR. Der DDR-So-zialismus lebte von solchen Hoffnungen, aber er überlebte sie nicht. Auch die kapitalistische Mentalität unterliegt traditio-nell dem Verlangen nach „immer mehr" und „immer besser". Aber während die marxistischen Sozialisten hierbei an eine ge-schichtliche Notwendigkeit glaubten, begnügen sich heutige Kapitalisten mit guten Vorsätzen.

Zu den guten Vorsätzen gehört vor allem der, sie diesmal wirklich einzuhalten. Einige Freunde haben sich „nach" der Krise fest vorgenommen, auch in kommenden Jahren das „po-sitive Denken" zu pflegen, obwohl ihnen ihr ewiger Optimismus in den letzten Jahren einige Schnippchen geschlagen hat. Den notorischen Optimisten des Glaubens an den fortwährenden ökonomischen Fortschritt, die einen erheblichen materiellen Schaden zu beklagen haben, einen christlichen Realismus an-zuraten, der auch die Möglichkeit des Scheiterns in den Blick nimmt, dürfte freilich ein schwieriges Unterfangen sein. Es sind die seit *Karl Kraus* so genannten „Nörgler", die den un-verbesserlichen „Optimisten" wenigstens moralisch auf Vorder-mann zu bringen versuchen. Ohne Aussicht auf Erfolg aller-dings.

Denn der Fortschritt bleibt, trotz der ständig erneuerten guten Absichten, eine schwankende Angelegenheit. Gelegentliche Kampagnen zur „moralischen Aufrüstung" bleiben im Morast stecken, den sie austrocknen wollen. Auch die religiöse Festigung des Bodens, aus dem Moral erwächst, gelingt nur hin und wieder. Ein geschichtsnotwendiger religiös-moralischer Fortschritt ist uns auch christlich nicht verheißen. Und das negative kirchliche Wachstum, das wir gegenwärtig in Europa erleben, gehört wohl zu den bedenklichen „Zeichen der Zeit", von denen das Zweite Vatikanische Konzil (etwas zu optimistisch) sprach. Sie heute „im Lichte des Evangeliums" zu deuten, führt uns nahe an eine verdeckte Fährte heran, die sich in der Apokalypse des Johannes abzeichnet.

Davon, daß sich die „Zeichen der Zeit" heute eher in eine endzeitliche Richtung zu drehen scheinen, ist allerdings in der modernen Verkündigungssprache, die ja eine „Froh-" und keine „Drohbotschaft" zum Ausdruck bringen will, keine Rede. Zu diesen „Zeichen der Zeit" zählte der Dominikaner-Apologet *Albert Maria Weiß* vor hundert Jahren bereits die Ausbrüche eines „irreligiösen Ingrimms", und er notierte: „Das ewige Moralisieren ohne Religion ist zur unerträglichen Landplage geworden, gerade wie in den Tagen des Rationalismus."

Apokalyptiker sind Leute, die aus der berechtigten Annahme, das Ende der Welt sei nie so nahe wie heute, den falschen Schluß ziehen, es stehe unmittelbar bevor. Zu diesen Leuten gehörte der fromme und kluge Pater *Weiß* gewiß nicht. Aber er hat angesichts zahlreicher Unheilszeichen seiner Zeit wenigstens noch den Versuch gemacht, öffentlich Rechenschaft zu geben über die „Hoffnung, die euch erfüllt" (1 Petr 3,15). Auf diese Bibelstelle beruft sich *Benedikt XVI.* in seiner Enzyklika „Spe salvi" (2007). Solche Apologetik hat heute, da man die christliche Hoffnung gern mit Optimismus verwechselt, Seltenheitswert.

Die öffentliche Rede vom Heil der Welt und der Möglichkeit des Unheils ist heute völlig säkularisiert. An die Stelle der weltlichen Heilsideologien rückt aber nun zunehmend die

Vision des Unheils, die säkularisierte Hölle. Im reichen Angebot des drohenden Weltuntergangs kann man immerhin wählen zwischen ökonomischen, ökologischen, medizinischen, astrophysischen und politischen Varianten.

Ob die Welt nun untergeht durch den globalen Finanzkapitalismus, durch weltweiten Klimawandel, durch Viren und Chemikalien, durch den Einschlag von Meteoren oder durch atomare Kriege, bleibt sich ziemlich gleich. Die gütige Vorsehung Gottes wird durch ein kaltes modernes Schicksal ersetzt, das sich „Politik" *(Napoleon),* „Wirtschaft" *(Walter Rathenau)* oder sonstwie nennt. Aber die säkularisierte Vorsehung tappt trotz Aufklärung und Planung im Dunkeln. Und der Staat, der säkularisierte Gott, stolpert von einer Krise zur anderen, im Bemühen, die ganz große Katastrophe aufzuhalten.

Die meisten Aufklärer ließen Gott wenigstens noch als Hypothese bestehen, um der Moral Geltung zu verschaffen und Chaos abzuwenden. Heutige Atheisten und „Freidenker", die sich als die Erben der Aufklärung verstehen, verlagern die Gottesfrage eher auf die populistische Omnibus-Ebene plakativer Propaganda. Ihr Prophet ist der Biologe *Richard Dawkins* („Der Gotteswahn"). Er repräsentiert den Niveauverlust des heutigen Atheismus. In einigen europäischen Großstädten sah man Busse mit dem *Dawkins*-Slogan beschriftet: „There's probably no God, now stop worrying and enjoy your life."

Deutlicher als in dieser Provokation kann hedonistische Verantwortungslosigkeit kaum mit der Gottesfrage verbunden werden. In gewissenhafter Auslegung könnte dieser Spruch bedeuten: Wahrscheinlich gibt es keine ernsthaften Gottesleugner mehr, sondern nur noch solche, die sich keine Sorgen machen und ihr Leben genießen wollen. Frei nach dem alten Gassenhauer: „Freut euch des Lebens, Großmutter wird mit der Sense rasiert." Ein durchaus kapitalistischer Slogan.

Den muß man heute als Drohung wörtlich nehmen. Gott erscheint hier nicht mehr als Bedingung, sondern als Behinderung von Freiheit, Lebenssinn und Freude. Er soll nicht mehr Hoffnung der Betrübten und Trost der Sterblichen sein. Sein

Gebot soll nicht mehr die Schwachen schützen und die Unterdrückten befreien. Denn sonst verdirbt Er den Spaß von Leuten, die nur noch glauben, ihnen sei alles erlaubt, und denen die Vorstellung, einmal Rechenschaft geben zu müssen vor Gott, grauenvoll ist. Der Glaube an ein Jüngstes Gericht jedoch hebt die Verantwortung in eine langfristige Perspektive und eröffnet die Hoffnung auf ein ewiges Leben. Die Hölle können wir freilich schon im diesseitigen Dschungel erfahren. Aber wer weiß, wann die verheißenen letzten Tage kommen?

Bei den Liebhabern der Astronomie konzentriert sich die Aufmerksamkeit auf mysteriöse Phänomene der „dunklen Energie", der „dunklen Materie". Die Astronomen beobachten explodierende Sterne und „schwarze Löcher". Die Astrologen bieten Anlaß zu schwarzem Humor. Und die Theologen stehen fassungslos vor dem neuen Atheismus, der auch in endzeitlicher Perspektive gedeutet werden kann. *John Henry Kardinal Newman* schrieb in seinem Traktat über den „Antichrist": „Wahr ist, daß zu vielen Zeiten die Christen sich täuschten, indem sie glaubten, Zeichen der Ankunft des Neuen wahrzunehmen; aber besser ist es, tausendmal zu glauben, Er komme, wenn Er nicht kommt, als einmal zu glauben, Er komme nicht, wenn Er kommt."

Als ob

Ab und zu tritt der schöne Schein hinter eine häßliche Wirklichkeit zurück, die sich nicht mehr kaschieren läßt. Erst wenn der äußere Schein der Schönheit nicht mehr zu retten ist, beginnt man von „inneren Werten" zu sprechen. Das gilt anscheinend nicht nur für Frauen und Männer, die mit vorrückendem Alter im Schönheitswettbewerb nicht mehr glänzen können, sondern auch für Aktien, deren Wert plötzlich absackt, weil er im globalen Wettbewerb keinen Bestand mehr hat. Tatsächlich hat ein angesehener deutscher Bankier diese „inneren Werte" seiner Wertpapiere hervorgehoben, um so zu tun, *als ob* sie in Wirklichkeit mehr wert seien, als sie es in Wirklichkeit sind.

Ehrlicher ist es, angesichts der Krise der Finanzmärkte eine „Wertberichtigung" einzuräumen, obwohl auch dieser Ausdruck schon als Euphemismus zu bewerten ist. Über die wahren Werte in der wahren Realität philosophisch zu spekulieren, ist nicht an der Zeit, deren Turbulenzen zu ganz anderen, nämlich neuen Börsenspekulationen verleiten. Reine Ökonomiker sind überdies gehalten, zweckrational in Kategorien der Effizienz zu denken. Sie rätseln über Staats- und/oder Marktversagen und verfangen sich im Gewebe von Relationen. Wenigstens unterscheiden sie zwischen Werten und Preisen. Manche tun aber so, *als ob* sie allgemeingültige Aussagen über Sinn- und Wertstrukturen des Wirtschaftslebens machen könnten.

Der *homo oeconomicus* entspringt freilich einem ziemlich reduzierten, von Ethik befreiten Modelldenken. Und auch die schöne Vorstellung, *als ob* das eigeninteressegeleitete Wirtschaftssubjekt als Konsument der eigentliche Souverän der Marktwirtschaft sei, scheint von der Wirklichkeit abzuheben. Rational ist es jedenfalls nicht, wenn sich – wie ein erfolgreicher katholischer Kapitalist beteuerte – der „Wert" einer Aktie danach bemesse, was der letzte Trottel dafür zu zahlen bereit sei. Manche Trottel sind dadurch zu einem großen Vermögen gekommen. Andere hingegen, die die Risiken nicht rechtzeitig spürten oder erkannten, haben verloren. Lag es etwa im Eigeninteresse der Käufer, daß ihnen eine Sache als wertvoll angedreht wurde, die es in Wirklichkeit nicht ist? Welcher Schwindel hat die Börse als „Markt der Märkte" und mithin die Marktwirtschaft insgesamt erfaßt, wenn man sich nicht mehr auf die Preissignale, die von ihr ausgehen, verlassen kann? Verläßliche Preissignale kommen meist zu spät.

Das ramponierte Ansehen der Marktwirtschaft und ihrer Repräsentanten, die Unternehmer, hat gewiß etwas damit zu tun, daß der vielbeschworene rationale *homo oeconomicus* gelegentlich verrückt spielt und vor lauter Gier die Vorsicht, Umsicht und Übersicht verliert. Von der geschniegelten Performance mancher Unternehmungen lassen sich viele Zeitgenossen gerne blenden. Sie lassen sich gerne einseifen. Daß sie anschließend auch rasiert werden, liegt nicht in ihrer Absicht.

Was wir immer noch erleben, ist die Stunde der Schamanen, Gaukler und Taschenspieler. Besonders in Zeiten der Wirtschaftskrise, zu der sich die Finanzkrise noch weiter auswachsen kann, fühlen sich Hochstapler, Lügner und Diebe berufen, von der unübersichtlichen Lage, von der mangelnden Transparenz zu profitieren. Freundlicher ausgedrückt: Sie tun so, *als ob* es einfache, glatte und harmonische Lösungen geben könnte.

Die Harmonisierung und Konvergenz des Guten, Wahren und Schönen lag noch in der Intention der mittelalterlichen Philosophie und Theologie eines *Thomas von Aquin*. Dieser Harmonieoptimismus hat sich in der modernen Zeit zwar weitgehend aufgelöst, weil die Kriterien dieser Transzendentalien in das subjektive Belieben individueller Wertschätzungen übergingen. Dennoch hält sich bis heute hartnäckig das Vorurteil, *als ob* das vermeintlich Schöne nicht in Widerspruch geraten könne zum Wahren und Guten. Man mag zwar das metaphysisch Wahre und das ethisch Gute nicht mehr eindeutig und verbindlich definieren (können), aber auf das Schöne, wie immer es jeweils subjektiv empfunden wird, möchte man nicht gerne verzichten.

Kommerzialisierung der Kunst und Ästhetisierung der Wirtschaft schreiten voran und verdrängen die strenge Sachbezogenheit. In der Welt der Wirtschaft zeichnet sich zunehmend jene „schöne neue Welt" ab, die den Schein für das Sein hält. Ähnlich wie in der Politik, in der die populistischen Verführer mit ihren Patentlösungen immer mehr ins Rampenlicht treten. Was die Ästhetisierung und damit die Irrationalisierung der Politik betrifft: *Theodor W. Adorno* brachte sie mit dem Faschismus in Zusammenhang.

Nun muß man nicht gleich das Schlimmste befürchten, wenngleich Weltuntergangsszenarien heute im Trend liegen und sich gut verkaufen. Mit der apokalyptisch-ökologischen Vision des „Klimawandels" lassen sich die stärksten Eingriffe bis hin zur

Ökodiktatur rechtfertigen. Denn wer so tut, *als ob* er die Welt retten müßte, kann nicht noch lange über rational faßbare Inhalte diskutieren.

Wie sehr sich die Formen von den Inhalten lösen und ein Eigenleben führen, zeigt sich deutlich im Bereich von Marketing und Werbung. Was sich da inzwischen tummelt, um mit „Tricks das virtuelle Ansehen zu steuern" (wie es anleitend in einer angesehenen Tageszeitung hieß), sollte eher dazu führen, das ohnehin schon angeschlagene Image gewisser Manager und Unternehmen endgültig zu ruinieren. *Als ob* Image- und Stylingberater – die sich jetzt auch im Fernsehen breitmachen – die Sache der Wirtschaft befördern und die Kompetenz beflügeln könnten. Sprache und Bilder, Maske, Schminke und „Aufmachung" erzeugen eine eigene Wirklichkeit, von der sich viele täuschen lassen.

Der Wettbewerb um die höchste öffentliche Aufmerksamkeit und den größten Verkaufserfolg bringt Sumpfblüten hervor, die nicht nur ein ästhetisches, sondern vor allem ein moralisches Problem bilden. Die Hypotheken- und Finanzkrise ist ein gutes Lehrstück für diesen professionellen Schwindel. Danach meldet sich die häßliche Realität zu Wort. Eine Sternstunde der Wahrheit?

Zur Wahrheitsfindung gehört gewiß die Berücksichtigung geschichtlicher und vor allem religiöser Erfahrungen. Und natürlich die Besinnung auf ein bewährtes Erbe, das zur Verpflichtung wird, wenn es zugleich Ziele und Wege weist, die man realistischerweise erreichen kann. Solche illusionsfreien, d. h. von Ideologien und Utopien befreiten Lösungen bietet die katholische Soziallehre an.

Wenigstens prinzipiell. Die mit ihr verbundenen und sie tragenden Bewegungen des sozialen und politischen Katholizismus haben in Europa, speziell in Deutschland, erheblich zur Lösung sozialer Fragen beigetragen, die von Kapitalismus und Sozialismus aufgeworfen wurden. Und sie haben auch stark an der Entwicklung einer *sozialen* Marktwirtschaft mitgewirkt, die den Liberalkapitalismus reformierte und den marxistischen

(Real-)Sozialismus überwand. Dieses biblische Glaubenserbe ist heute mehr denn je gefährdet. Auch da, wo es sich mit der Vernunfterfahrung verbinden konnte.

Gott und Geld

Zwecklos sind alle Versuche, das Wesen des Kapitalismus endgültig festlegen zu wollen. Denn er verändert – einem Cha-
mäleon gleich – unentwegt seine Erscheinungsformen, hinter denen sich ein substantieller Kern nicht ausmachen läßt.
Wahrscheinlich ist es gerade das metaphysische und ethische
Vakuum des Kapitalismus, das alle möglichen individuellen Op-
tionen und Interessen an sich zieht und zur Entfaltung bringt.
Zwecklos sind auch die zahlreichen wirtschaftswissenschaftli-
chen Versuche, den Kapitalismus als ein rational aufgebautes
Wirtschaftssystem widerspruchsfrei zu rekonstruieren. Denn er
entzieht sich einer Logik, die die empirische Wirklichkeit mit
den Ansprüchen einer allgemeinen Theorie verbinden will. Und
bevor sich ein Sozialethiker den Ergebnissen der empirischen
Sozialwissenschaften, also auch der Wirtschaftswissenschaften, einfach anschließt, sollte er seine Aufmerksamkeit auf
Phänomene konzentrieren, die nicht auf der banalen Oberfläche empirisch greifbarer Faktizität schwimmen, sondern einer
tieferen, inneren Erfahrung zugänglich sind.

Götzen und Gespenster

Wer religiös und überhaupt „unmusikalisch" ist, hat es allerdings nicht leicht, die Töne zu hören, die beim Wort Kapitalismus mitschwingen. *Karl Marx*, ein umgedrehter Theologe mit
dem Gestus des Propheten, sprach vom „Gespenst" des Kommunismus, das sich in Europa und weltweit ausbreiten würde. Aber
das Gespenst, das sich nach dieser Prophezeiung global offenbaren sollte, hat sich nur einige Jahrzehnte aufrechterhalten
können und ist nach 1989 in sich zusammengefallen. An seiner
Stelle trat ein anderes Gespenst aus den Ruinen hervor, das
sich Kapitalismus nannte. Es spukte weltweit herum, nistete

sich überall ein und wollte das „Ende der Geschichte" *(Francis Fukuyama)* einleiten. Aber nicht der Kapitalismus ist das letzte Wort der Geschichte, sondern umgekehrt: Die Geschichte scheint das Ende des Kapitalismus eingeläutet zu haben.

Aber wer weiß das schon so genau? Geschichtsmetaphysiker vom Schlage *Hegels, Marx'* und *Fukuyamas* (in absteigender Linie) haben den einen Nachteil: Daß sie sich eine geheime Mitwisserschaft am Geschichtswillen Gottes anmaßen – und dabei doch nur danebenliegen. Weil sie nämlich Gott und die Geschichte weitgehend gleichsetzen. Als Herr der Zeiten ist der absolute Gott, ist seine Vorsehung immer noch für gewaltige Überraschungen gut. Und was Er am Ende der Geschichte für uns bereithält, sollten wir Ihm gefälligst selbst überlassen.

Es würde einstweilen völlig reichen, Gottes Gesetzeswillen wenigstens einigermaßen zu erkennen. Gläubige Juden und Christen sollten diese Erkenntnis auch plausibel mit denen zu teilen suchen, die nicht glauben können, aber wenigstens doch vernünftig sind. Dieser allgemeine Gesetzeswille Gottes läßt sich vor allem in den Zehn Geboten finden, die so etwas wie eine „geronnene Menschheitserfahrung" darstellen und bis heute überall Geltung beanspruchen können. Diese erweisen ihre normative Kraft in allen Lebensbereichen, mithin auch im menschlichen Verhalten innerhalb einer vorgegebenen Wirtschaftsordnung. Und eben auch zum Aufbau einer Wirtschaftsordnung.

Damit wird auch der Kapitalismus einer objektiv ethischen Einschätzung zugänglich. Natürlich als das, wie er sich uns gerade präsentiert. Und zwar nicht als ein geschlossenes und schlüssiges System, sondern eher als eine vorherrschende Meinung und Neigung, als eine subjektive Wertschätzung, als eine Mentalität, die sich in Kulturen und Strukturen niederschlägt. Und eben auch als ein Geist, der uns zu beherrschen scheint, sogar als ein Gespenst, das uns immer noch und immer mehr das Fürchten lehrt.

Eher erschreckend als erleuchtend kommt uns dieser Geist als Gespenst vor, wenn wir ihn engverbunden sehen mit agnostischen, atheistischen und asozialen Haltungen. Also mit dem materialistischen Ungeist der Selbstvergottung und mit dem asozialen Zeitgeist egoistischer Selbstverwirklichung. Diese Zeitgeister bevölkern heute den Ideenhimmel und bestimmen den Horizont einer säkularisierten Gesellschaft, die sich von der Transzendenz ebenso abgenabelt hat wie von der Solidarität.

Kapitalismus bezeichnet dann eine ziemlich perverse und parasitäre Gesinnung, die alles unter das Diktat des Wertrelativismus stellt. Hier ist jeder eingeladen, seine eigenen Wertschätzungen zu verabsolutieren und zu realisieren. Das banale kapitalistische Credo lautet: Wenn jeder an sich denkt, ist an alle gedacht. Oder vornehmer, akademischer ausgedrückt: Die Summe der realisierten Einzelinteressen ergibt das Gemeinwohl.

Kapitalismus legt bereits begrifflich die Bedeutung nahe, daß es sich um die Vorherrschaft des Kapitals handelt. Eine ziemlich magische Vorstellung. Als ob eine Sache, also etwa Geld, das in Kapital, also etwa Technik umgewandelt wird, von sich aus irgendeine Herrschaft ausüben könnte. Ebenso abenteuerlich ist die Vorstellung, das Kapital, also eine Sache, könnte von sich aus „arbeiten" – oder das Geld würde sich von alleine vermehren, wenn man es „arbeiten" ließe. Hier mutiert das Mittel, das die menschliche Arbeit effizienter und fruchtbarer machen sollte, zum Selbstzweck.

Die Rede vom „Kapital", das angeblich arbeitet, soll vergessen machen, daß hier sehr einseitige Kapitalverwertungsinteressen zum Zuge kommen. Damit würde die „Herrschaft des Kapitals", in Wirklichkeit also der Kapitaleigentümer, behauptet. Hier entpuppt sich der Kapitalismus als eine Ideologie, die notwendig in Konflikt geraten muß mit einem „Laborismus", der keine Rücksicht auf die Rechte der Kapitaleigentümer nimmt. Die gerechte Zuordnung von Kapital und Arbeit, von Kapitaleigentümern und arbeitenden Menschen, ist bis heute eine noch nicht hinreichend gelöste soziale Frage geblieben, an der sich christliche Sozialethiker abarbeiten müssen. Eine

Frage überdies, die eine dritte Größe mit einbeziehen muß, nämlich den Komplex des Wissens. Denn das wußten schon die Alten: Wissen ist Macht.

Wie alle „Ismen" stellt sich auch der Kapitalismus als eine Ideologie heraus, die von der Wirklichkeit abhebt, indem sie das Relative verabsolutiert und das Absolute relativiert.

Der Tanz um das Goldene Kalb

Nicht zufällig lautet das Erste der Zehn Gebote: „Ich bin der Herr, dein Gott. Du sollst keine anderen Götter neben mir haben!" Kaum war Moses mit den Gesetzestafeln vom Berg Sinai herabgestiegen, mußte er erfahren, daß das Volk Gottes sich einen fremden Gott konstruiert hatte und ihn anbetete. Der „Tanz um das Goldene Kalb" ist seitdem zu einem geflügelten Wort geworden. Es bezeichnet – ähnlich wie der biblische Begriff des „Mammons" – die Entfremdung von Gott durch die Vergötzung des Goldes oder Geldes, durch die Verabsolutierung materieller Dinge – und schließlich die Selbstvergottung des Menschen.

Schon im 19. Jahrhundert hatte *Karl Marx* im Rahmen seiner Kapitalismuskritik auf den „Fetischcharakter" des Geldes hingewiesen. Die seitdem etwas billig gewordene Verurteilung der „Kapitalisten" trifft nicht einmal ein spezifisches Unternehmerverhalten, sondern eine allgemeine Neigung des Aberglaubens, einen selbstkonstruierten Gegenstand zu divinisieren und zu verehren.

Dieser Aberglauben gewinnt gegenwärtig einen ungeheuren Auftrieb. Wer heute so tut, *als ob* es Gott nicht gebe, sucht unweigerlich nach einem Ersatz. Die großen Ideologien des 19. und 20. Jahrhunderts, nämlich Nationalismus, Kommunismus und Nationalsozialismus, waren im Kern Ersatzreligionen. Sie verabsolutierten das eigene Volk, die eigene Klasse, die eigene Rasse. Nach dem Desaster dieser Ideologien stellt sich heraus, wie gesellschaftlich und auch politisch wirksam sich quasireligiöse Orientierungen immer noch erweisen können. Dazu zählt heute besonders der Kapitalismus, der sich nach 1989 eingebildet hat, endgültig die Weltherrschaft antreten zu können. Gerade durch diese stolze Selbstüberschätzung hat er sich dem Untergang ausgeliefert.

Die geschichtsmächtigen, aber letzten Endes doch gescheiterten Ideologien waren so etwas wie säkularisierte Religionen. Dabei bedeutet „Säkularisierung" keinen geschichtsnotwendigen Prozeß, der zum Ende jeder Religion führt. Vielmehr ist die Gesellschaft selber „religionsproduktiv" geworden, wie *Gerhard Schmidtchen* und *Hermann Lübbe* feststellten. Freilich auf Kosten des Christentums und der Kirche.

Offensichtlich führt die postmoderne Welt nicht automatisch zum Unglauben, sondern eher zu einer gewissen Beliebigkeit – und begünstigt neuen Aberglauben: Virtuelle Welten im Science-Fiction-Format, unbekannte Flugobjekte, Horoskope, magische Praktiken, wundertätige Steine und Amulette, New-Age-Erwartungen bevölkern den religiösen Horizont.

Diese Tendenzen werden mit großem Erfolg medial verstärkt und gewinnbringend vermarktet. Daß sich an diesem Geschäft auch christliche Unternehmer und sogar kirchennahe Verlage beteiligen, ist eine traurige Tatsache, die man mit dem Ersten Gebot konfrontieren muß.

Dieses Gebot enthält ein weiteres, ebenso aktuelles Verdikt. Es umgreift nämlich auch die Versuchung der Selbstvergottung, die nach dem Sündenfall als Verheißung auftritt: Ihr werdet sein wie Gott. Dieses „Sein wie Gott" ist nicht zu verwechseln mit der Gottebenbildlichkeit des Menschen, aus der er seine personale Würde herleiten darf. Vielmehr geht es um die Selbstüberschätzung des Menschen, sich an die Stelle Gottes zu setzen und ihm den Gehorsam aufzukündigen.

Seitdem begegnen wir vielen kleinen Herrgöttern, „Übermenschen" und selbsternannten Genies, die unter einem „Gotteskomplex" *(Horst-Eberhard Richter)* leiden und sich mächtig aufspielen. Darunter finden wir gewiß nicht allein den „unbelehrbaren Mittelstandskleinkönig", der von seiner eigenen Bedeutung zu Tränen gerührt ist, sondern vor allem den Typ des arroganten, rücksichtslosen Macht-Managers, der es verlernt hat zu dienen.

Eine paulinisch zugespitzte Kritik könnte überdies – in Betrachtung unserer Gegenwart – zu folgendem Ergebnis kommen: Ihr Gott ist der Bauch, der Mammon, der Sex, die Gesundheit, der Sport, die Jugendlichkeit, die Schönheit, kurzum: die Lebensmittel werden zum Lebenszweck verabsolutiert. Wir werden zu einem Lebensstil angehalten, der so tut, *als ob* es Gott nicht gäbe – und wir ihn nach eigenem Geschmack erfinden könnten.

Ludwig Wittgenstein, der bedeutende Philosoph, schrieb: „An Gott glauben heißt sehen, daß das Leben einen Sinn hat." Gott ist nicht Gegenstand unserer Projektion oder Konstruktion, sondern Grundlage des Lebens, die Wirklichkeit, die allem Denken und Handeln vorausgeht und es trägt.

Diese Wirklichkeit, Herrschaft oder „Reich Gottes" genannt, ist eben keine politische oder ökonomische Größe. Und jeder Versuch, „den Himmel auf Erden", also säkular und autonom, herstellen zu wollen, hat (nach *Karl R. Popper)* stets die Hölle hervorgebracht. Dies haben die gottlosen ideologischen Konstrukte und totalitären Systeme des vorigen Jahrhunderts deutlich genug bewiesen. Kritisch konservative Christen waren dagegen immunisiert und wollten nicht auch noch ihren eigenen Ersatz beerben.

Einstweilen scheint Entwarnung gegeben zu sein, was die vormals progressiven Großideologien betrifft. Abgesehen vom aggressiv politischen Islamismus tritt heute nur noch der globale Geist des Marktes vulgo Kapitalismus als Weltverbesserungsinstanz in Erscheinung. Und zwar mit dem Wahrheitsanspruch, daß es keine allgemeine Wahrheit mehr gibt. Diese totalitär anmutende Marktlogik dringt in jeden Winkel vor und hat auch schon die Lebenswelt der Christen ergriffen. Da soll jeder seine Sinn- und Wertnachfrage beliebig befriedigen und nach Kosten und Nutzen sein Glück probieren.

Der moderne Fortschrittsglaube an die naturwissenschaftlich-technische Machbarkeit einer idealen Welt, an die völlige Beherrschbarkeit von Natur und Gesellschaft ist inzwischen an naturale und moralische Grenzen gestoßen und scheint sich hier und da schon aufzulösen.

Aber in der medizinrelevanten Genforschung und Biotechnik scheint der alte technologische Fortschritts- und Wunderglaube wieder aufzuleben, der sein „Prinzip Hoffnung" auf die Dynamik des biologisch Erkennbaren und medizintechnisch Machbaren setzt, vermöge derer alle menschlichen Krankheiten heilbar seien und die Lebenserwartung endlos angehoben werden könne. Gerade hier aber tritt mit neuer Kraft die alte Frage auf: Ist das Machbare auch wünschenswert? Oder *darf* man eigentlich alles, was man kann? Eine ethische Frage also, die mit dem Homunkulus des *Doktor Faust* und mit dem künstlichen Ungeheuer des *Doktor Frankenstein* eine literarische Ebene erreicht hat, die sehr eindringlich die Grenzen der Machbarkeit und des (medizin-)technischem Fortschritts markierten, wirksamer übrigens, als es die religiösen Grenzziehungen heute noch vermögen.

Ist das technisch Machbare gerade dort, wo es den Menschen selber als Gattungswesen betrifft, auch ethisch legitim? Ist es nicht anmaßend, einen „neuen Menschen" gentechnisch erschaffen zu wollen? Und sich dabei als Herr über Leben und Tod aufzuspielen? Diese Frage zielt auf das normative Menschenbild, das jeder von sich haben sollte und das als „christliches Menschenbild" auch in unserem Grundgesetz abgebildet ist.

Der sich den Menschen offenbarende, befreiende Gott des Bundes ist der *eine* Herr. Dieser Gott ist unvergleichlich größer als die vielen kleinen Wichtigtuer auf Erden, unvergleichlich besser auch als die Stars und Idole der Popkultur oder als irgendein politischer Messias. Der Glaube an Gott macht gegen gefährlichen Aberglauben resistent.

Wo der Glaube an den einen, unverfügbaren, souveränen Gott fehlt, und wo man nicht mehr an das von ihm verheißene Reich glaubt, wird man sich selber Götter modellieren und entsprechende Reiche auf Erden aufzubauen versuchen. Wo die absolute Transzendenz fehlt, wird man das Leben im Diesseits verabsolutieren. Und wer nicht mehr an ein ewiges Leben nach dem Tode glaubt, wird auf Erden rücksichtslos alle Möglichkeiten auskosten wollen – und wird versuchen, wenigstens für sich selber und auf Kosten anderer einen „Himmel auf Erden" einzurichten. Das alles ist natürlich – übernatürlich – zum Scheitern verurteilt und führt regelmäßig zu katastrophalen Folgen.

Um so dringender sind wir auf Zeugen angewiesen, die konsequent den Zehn Geboten im freiwilligen und befreienden Gehorsam folgen. Ein Gehorsam wohlgemerkt nicht gegenüber dem lauten Diktat der Moden, der jeweiligen Zeitgeister und der *political correctness,* dem sich auch die „kritischen" Geister allzu leicht unterwerfen. Sondern ein Gehorsam, der auf die leise und eindringliche Stimme Gottes hört, seinem Wort gehorcht, das in der Heiligen Schrift, in der kirchlichen Tradition und nicht zuletzt in jedem lauteren Gewissen unüberhörbar ist.

Vom Hören und Wahrnehmen des Wortes Gottes bis hin zum praktischen Befolgen Seines Willens liegt oft ein weiter, steiler und anstrengender Weg. Es ist der Weg der Heiligung, die Probe aufs Exempel. Unmöglich, diese Prüfung allein und „autonom" zu schaffen. Auch eine „heroische" Lebensweise reicht nicht aus, wenn sie auch erforderlich ist – vor allem in einer Zeit, in der sich viele von Christus und der Kirche lossagen, um sich anderen Göttern und Instanzen zuzuwenden. Gerade in einer Zeit, der nichts mehr heilig zu sein scheint außer Individualismus und subjektive Beliebigkeit, spüren wir, wie sehr wir auf den Beistand und die Kraft Gottes angewiesen sind.

Blasphemischer Kapitalismus

Im Vulgärkapitalismus hat die Verspottung religiöser Symbole und Gefühle, christlicher Glaubensinhalte und kirchlicher Traditionen eine weite Primitivebene mit Breitenwirkung erreicht: das Kabarett, TV-Unterhaltungssendungen, Illustrierte und Magazine, die Werbung, auch die bildenden und eingebildeten Künste einschließlich des Schauspiels. Nie würde man es wagen, sich derart über Juden und Muslime auszulassen, wie man es sich besonders gegenüber Katholiken erlaubt. Die Juden stehen unter dem Schutz eines Tabus, das in Deutschland keiner ungestraft antasten darf. Und die Beleidigung der islamischen Glaubensgemeinschaft steht international unter fundamentalistischer Terrordrohung, vor der auch der keckste Tabubrecher zurückweicht.

Man fragt sich, warum die neuen Heiden das kirchliche Christentum, das nach dem angeblichen „Tode Gottes" in Agonie fallen soll, nicht einfach in Ruhe sterben lassen. Woher kommt diese höhnische Verachtung? Die Gründe dafür sind vielfältig, sie liegen vor allem in der Schwächung der Kirche, herbeigeführt auch durch Selbstsäkularisierung. Die Kirche ist nicht schwach, weil sie von Haß verfolgt wird, sondern sie wird so wenig respektiert, weil sie so schwach ist.

Für die Verunglimpfer ist Gott keine Realität, die man beleidigen könnte. Aber warum kränken sie Ihn, der nicht existieren soll, trotzdem? Weil die Gläubigen provoziert und demoralisiert werden sollen. Und weil man weiß, daß die Betroffenen nicht mit denselben Mitteln öffentlicher Diffamierung zurückschlagen können. Zum stereotypen Merkmal totalitärer Ideologien gehört es, Religion erst zu verunglimpfen und später zu verfolgen.

Im Zweiten der Zehn Gebote heißt es: Du sollst den Namen Gottes nicht verunehren. Auch auf dieser Mißbrauchsebene agieren im Kapitalismus viele Zeitgenossen, denen nichts mehr heilig zu sein scheint. Und wir treffen auf zahlreiche „Verunehrungen" des Göttlichen Namens. Zunehmend wird heute das Heilige und Wunderbare zu Werbezwecken mißbraucht, ob in ironischer oder ernsthafter Absicht. Man wirbt dabei nicht für ein bestimmtes Religions-„Produkt", aber die Produkte verkaufen sich besser, wenn sie sich mit der Aura des Religiösen umhüllen.

Die manipulative Werbung bedient sich religiöser Symbole und zitiert Begriffe des Glaubens, indem sie sie – offensichtlich mit Erfolg – auf Gegenstände des täglichen Gebrauchs überträgt: In einem Sportwagen zu sitzen verheißt „göttliches Hochgefühl". Ein Mineralwasser kommt aus der „Quelle des Lebens". Kosmetik schenkt „neues Leben". Ein Rasierwasser heißt „Eternity", eine Textilfirma „Dogma". „43 Millionen Menschen weltweit glauben an uns", versichert eine Versicherung. Und „nichts ist unmöglich" meint eine Reklame für japanische Automobile, denen ein göttliches Attribut zugeschrieben wird. Und die dann doch gelegentlich gegen eine Wand fahren oder in Rückrufaktionen ihre Mängel offenbaren.

Himmel und Hölle, Engel und Teufel, Erlösung, Paradies und ewiges Leben gehören offenbar zum herrenlosen Gut, das zur Selbstbedienung freigegeben ist, zu einem verwahrlosten christlichen Erbe, das schamlos ausgeplündert werden kann. Hinzu tritt die Staffage des kirchlichen Personals: Nonnen, Mönche, Priester, deren abgelegte Trachten nun zur exotischen Dekoration herhalten müssen.

Die religiöse Verpackung veredelt jedes Produkt, der profane Zweck heiligt jedes religiöse Mittel. Und der frömmelnde Konsumkult ist dabei, sich die Religion unter den Nagel zu reißen, ohne daß die Landesrundfunkanstalten eingreifen, und die Kirchen laut protestieren.

Die religiösen Suchbewegungen zeigen sogar in ihrem manipulierten Mißbrauch an, wie sehr das Außerordentliche und wunderbar Rettende ersehnt wird. Hier wäre die selbstkritische Frage angebracht, ob nicht das westliche Christentum selber dazu beigetragen hat, den ehrfürchtigen Sinn für das Mysterium, das Gespür für die Faszination des Heiligen und die Wirkkraft des Göttlichen zu schwächen.

Wenden wir uns kurz der politischen Ebene zu. Seitdem das „Arbeiter- und Bauernparadies" der DDR, das die quasireligiöse Sehnsucht nach einem perfekten Endzustand erwecken wollte, nun selber ein unrühmliches Ende fand, hat man nicht mehr viel vom politischen Mißbrauch religiöser Begriffe gehört.

Auch werden religiös-„fundamentalistische" Machtansprüche, die verstärkt in islamischen Ländern auftauchen, hierzulande nur selten erhoben. Für die CDU trifft eher das Gegenteil zu, ihr ist das „C" zu einer Hypothek geworden.

Auch im Wirtschaftsleben ist der Glaube zur reinen Privatsache geschrumpft, die man besser versteckt. Anders als in den USA gilt deutschen Unternehmern das öffentliche Bekenntnis ihres Glaubens eher als peinlich. Aber gelegentlich hört man sie doch von höchsten moralischen Werten reden. Das macht sie angreifbar, denn nur selten kann die Wirklichkeit mit dem hohen Anspruch mithalten. Der Ideologieverdacht ist schnell bei der Hand – und manchmal auch berechtigt. Denn Moral ist nicht dazu da, für Imagepflege herzuhalten – oder Geschäftsinteressen zu bemänteln. Ökonomische Interessen zu haben ist legitim und bedarf nicht der moralischen Dekoration oder der religiösen Überhöhung. Und persönliche Integrität hat es nicht nötig, sich selber zu loben.

Ungeheiligte Zeiten

Im Alltagskapitalismus geraten „heilige Zeiten", also die Sonn- und Feiertage der christlichen Tradition, immer mehr zwischen die Mühlsteine von Kapitalgier und Leistungswahn – und lösen sich langsam auf. Dagegen sollte man das Dritte der Zehn Gebote in Erinnerung rufen: Du sollst den Tag des Herrn heiligen. Warum eigentlich? Ist die Sonntagsheiligung nicht Sand im Getriebe einer reibungslosen kapitalintensiven Produktion? Steht sie nicht dem Streben nach immer mehr Wachstum im Wege?

Nach Meinung des Sozialethikers *Arthur F. Utz* widerspricht die Sonntagsruhe keineswegs der ökonomischen Rationalität, denn auch das bloße Streben nach unbegrenztem Güterreichtum bedarf der regelmäßigen Ruhepausen und des gelegentlichen Innehaltens. Das religiöse Gebot dient Gott und seinen

Geschöpfen. Es stellt überdies einen kulturellen und rechtlichen Faktor dar, dem jede kapitalistische Rationalität untergeordnet ist. Das Grundgesetz schützt den Sonntag wie auch die staatlich anerkannten Feiertage als „Tage der Arbeitsruhe und der seelischen Erhebung".

Arbeitsbesessene Unternehmer bedürfen in besonderer Weise der „Arbeitsruhe und der seelischen Erhebung". Die meisten von ihnen sind keine typischen Kapitalisten. Sie sitzen nicht Zigarre rauchend auf dem Sofa und schneiden Coupons, sondern arbeiten als Angestellte in leitenden, oftmals leidenden Funktionen. Sie arbeiten also, haben Ideen, das ist die Hauptsache, und lassen nicht nur das Kapital für sich „arbeiten". Natürlich kann das Kapital überhaupt nicht arbeiten, nur Menschen können das. Doch auch schon in der Karikatur des couponschneidenden Kapitalisten und Aktionärs kommt Arbeit vor. Es ist die oft mühsam erworbene Kenntnis, die schweißtreibende, riskante Entscheidung über den optimalen Einsatz von Kapital. Diese Art von Arbeit scheuen jene, die ihr Geld lieber verspielen, auf ein Konto überweisen oder unter die Matratze legen.

In der „Freizeitgesellschaft" ist der Unternehmer eher ein Fremdkörper. Seine Tätigkeit gehört zu den wenigen, die nicht wegrationalisiert werden können, solange Geist, Ideen und Initiativen gefragt – und nicht durch Automaten und Computerprogramme ersetzbar sind. Gerade in der ausgedehnten, oft mit Langeweile und Stumpfsinn erfüllten Freizeit wird die unternehmerische Phantasie gefordert.

Ein richtiger Unternehmer hat keine Zeit zu haben, meist hat er nicht einmal Zeit, das viele Geld, das er verdient, auch auszugeben. Der Vollblutunternehmer kann weder rasten noch warten, sondern muß immer aktiv und beschäftigt sein, so will es das Image des Managers. Wenn Faulheit der Humus des Geistes sein soll, sind Unternehmer nicht besonders geistreich. Nicht gedankenlose Trägheit ist hier gemeint, sondern die Fähigkeit, von Zeit zu Zeit einfach alles liegen und laufen zu lassen, in Ruhe zu verweilen und abzuwarten, die Banalitäten des Alltags zu vergessen und die Routine zu unterbrechen. Wie sonst kann man Sinn und Zweck seiner Arbeit, die für Unternehmer mehr als das halbe Leben ausmacht, überblicken und bewerten, wenn man nicht regelmäßig von der Arbeit Abstand nimmt, innehält und zur Ruhe kommt?

Zu diesem Zweck hat der liebe Gott den Sabbat erschaffen: zur Erinnerung an sein Schöpfungswerk. Nachdem er in sechs Tagen die Welt und den Menschen aus dem Nichts erschaffen hatte (eine kreative und innovatorische Unternehmerleistung *par excellence)*, ruhte er am siebten Tag und sah, daß alles gut war. Wenn nun sogar Gott ruhebedürftig ist, warum sind dann besonders die Unternehmer so rastlos und können mit dem Sonntag so wenig anfangen? Auch sonntags fühlen sich arbeitssüchtige Unternehmer nur wohl, wenn sie in „steriler Aufgeregtheit" *(Tocqueville)* etwas „unternehmen" können.

Natürlich sind es nicht nur die Unternehmer, die eine geheime Angst vor dem Sonntag haben. Viele haben einen Horror vor der Ruhe, in der sich ihr geistiges Vakuum offenbaren könnte – und ihre Seele als ausgetrocknete Landschaft. Vielleicht ist auch „Heidenangst" im Spiel, sich von Gott in Anspruch nehmen zu lassen, ihm zu danken, ihn zu preisen. Verständlich daher die Flucht in Zerstreuung, Unterhaltung, Sport und Rummel. Das nennt man „Familienleben". Oder man hat am Sonntag noch ein wenig „aufzuarbeiten", wozu man in der Woche nicht kam. Oder man schläft sich einmal richtig aus.

Aber es ist nicht der Schlaf des Gerechten. Denn wenn man in der Ruhe sich einmal die Zeit nehmen würde, über den Sinn und Zweck seiner Arbeit und seines Lebens nachzudenken, so könnte man womöglich zu dem Schluß kommen, daß nicht alles gut war. Eine schonungslose und ungeschminkte Bilanz der Seele und des Gewissens könnte einen erschreckenden Mangel an Sinn, eine trostlose „Armut im Geiste" zutage fördern. Die Angst vor dem Sonntag ist eine Angst vor der Wahrheit.

Dabei ist es gerade die christliche Wahrheit der Auferstehung und Erlösung, die den Menschen frei macht. Diese Wahrheit feiern die Christen besonders am Sonntag. Sie befreit den einzelnen von der Illusion, schon auf Erden unsterblich, im Beruf unentbehrlich zu sein. Sie entbindet uns von der „übermenschlichen" Zwangsvorstellung, alles machen und beherrschen zu wollen. Sie entlastet uns vom ständigen Bemühen, Fehler und Sünden nur bei anderen zu suchen.

Der Sonntag ist „für den Menschen da", zu seiner seelischen Hygiene und Ernährung. Und daß der Mensch nicht vom Brot allein lebt, wird er vor allem im kirchlichen Gottesdienst erfahren. Wenn er vom Weg dorthin frische Brötchen und Zeitungen mitbringt, stört das die Sonntagsruhe kaum. Vielmehr läßt sich dann um so besser ein häuslicher Sonntagsfrieden kultivieren, der uns den Alltag leichter ertragen läßt.

Der Sonntag ist der erste Tag der Woche, kein Wochenende. Während die Gewerkschaften das arbeitsfreie Wochenende hartnäckig verteidigen, wollen es viele Kapitalverwerter „flexibilisieren". Darüber ist der Sonntag als Ruhetag, den es zu heiligen gilt, ziemlich in Vergessenheit geraten.

In der künftigen Gesellschaft verschwimmen die Grenzen zwischen Arbeit und Freizeit immer mehr. Weil beide oft mit Langeweile und Stumpfsinn erfüllt sind, beschwört man die „Erlebnisgesellschaft", in der aber der Sonntag untertaucht. Die Flucht in Zerstreuung, Klamauk und Rummel schafft immer mehr Nachfrage auf dem Freizeitmarkt, der den Sonntag inzwischen stärker gefährdet als die Güterindustrien, die sich im internationalen Wettbewerb behaupten müssen.

Die Frage der Sonntagsarbeit kann in einer weitgehend säkularisierten oder multireligiösen Gesellschaft natürlich nicht rein konfessionell behandelt werden. Gerade einer so desorientierten und zu kollektiven Depressionen neigenden Gesellschaft wie der deutschen täte aber eine gemeinsame, regelmäßig wiederkehrende Zeit der Ruhe und der Muße, der geistigen und moralischen Besinnung gut.

Im übrigen hat es immer Ausnahmen gegeben, auch sonntags zu arbeiten. Etwa zur Sicherung eines kontinuierlichen Produktionsverlaufs in bestimmten Industrien, ferner im Gesundheitswesen, im öffentlichen und privaten Verkehr etc. Diese Ausnahmen drohen jedoch zur Regel zu werden. Durch die Zunahme der „verkaufsoffenen Sonntage" etwa, an der sich auch Kommunen beteiligen, die von kapitalistisch beherrschten C-Parteien regiert werden.

Die Kirche und das liebe Geld

Eine antike Auffassung lautet: *pecunia non olet* – oder: „Geld stinkt nicht". Meine gute alte Tante pflegte hingegen zu sagen: „Geld macht nicht glücklich, aber man kann es gut gebrauchen." Damit ist bereits fast alles gesagt, was man über das Verhältnis der Kirche zum Geld sagen kann. Es ist ein zwiespältiges, manchmal gefährliches, aber immer notwendiges Verhältnis. Weshalb es wohl immer Generalvikare und andere Finanzierungsspezialisten in der Kirche geben wird.

Goethe sagte ihr Habgier nach, der Kirche – mit ihrem angeblich so großen Magen, in dem schon mal ganze Länder verschwinden können. Ein unerschöpfliches Thema der Kirchenkritik über die Jahrhunderte hinweg bis heute. Die vermeintlich allzu reiche Kirche ist zu einem stereotypen Anstoß geworden, gerade auch in einer Neidgesellschaft, die im Überfluß lebt. Beim Thema Geld hört der Spaß sogar in einer Spaßgesellschaft auf, die sich jeden Firlefanz viel kosten läßt.

Zu reich?

Bei den Marxisten unseligen Angedenkens hieß es, die Kirche habe es immer mit den Reichen und Mächtigen gehalten und die Armen verraten. Dies behaupteten sie, weil sie ein soziales Problemlösungsmonopol für sich in Anspruch nahmen. Aber ihr geschichtliches Scheitern hing wesentlich damit zusammen, daß mit der Abschaffung des Privateigentums keineswegs auch

Armut und Elend verschwanden, sondern durch Sozialismus nur gleichmäßig verteilt wurden.

Und was das Mittelalter anging: Hier war die Kirche nahezu die einzige Institution, die sich der Armen und Elenden annahm. Die Gründung karitativer Orden, Spitäler, Asyle etc. geschah zu einer Zeit, als es noch keinen Sozialstaat mit Versorgungsansprüchen gab. Damals gewann die christliche Nächstenliebe eine besonders glaubwürdige Form. Die Kirche kümmerte sich vor allem um den „traditionellen Typ" des Armen: um Hungernde und Kranke, um Obdachlose und Flüchtlinge, um die Opfer von Kriegen, Hungersnöten und Seuchen, um Witwen und Waisen. Das ist in weiten Teilen der Welt immer noch der Fall.

Die Kirche war und ist – mal mehr, mal weniger stark ausgeprägt – eine „Kirche *für* die Armen". Wenn sie selber zu reich und üppig lebte, meldeten sich innerkirchlich kritische Kräfte. So etwa die Armutsbewegung im 13. Jahrhundert, aus der die sogenannten Bettelorden, also Franziskaner und Dominikaner hervorgingen. In diesen Orden entstand also so etwas wie eine „Kirche *der* Armen" – und hier entwickelte und professionalisierte sich das, was wir heute als *fundraising* bezeichnen. Allerdings setzt diese Form kirchlichen Lebens voraus, daß es ebenso fromme wie wohlhabende und darüber hinaus auch spendierfreudige Bürger gibt, die von ihrem Überfluß etwas abgeben können. Als Ordensmann arm zu leben, muß man sich leisten können, sonst kommt einen die Armut teuer zu stehen.

Hier deutet sich bereits eine Spannung an, die das Verhältnis Kirche-Geld nachhaltig zu prägen scheint, eine Spannung überdies, die sich generell auf den Zusammenhang von *Geist und Geld* zu erstrecken scheint. Auf diesen Zusammenhang angesprochen, antwortete *Hans Magnus Enzensberger* vor einigen Jahren: „Mir ist überhaupt nicht wohl bei der Vorstellung einer Opposition von Geist und Geld. Das scheint mir doch eine sehr altertümliche Sicht der Dinge zu sein. Es gibt niemanden, der außerhalb der Geldsphäre existiert. Und umgekehrt ist es kaum vorstellbar, daß es jemanden gibt, der nicht denkt. Ein solches Entweder-Oder ist ein Gedanke für Philosophen aus dem letzten Jahrhundert." Und jungen Schriftstellern empfahl *Enzensberger:* „Wenn Du viel verdienen willst, bist Du in der Literatur fehl am Platz." Mir scheint, dieser Gedanke ließe sich gut auf die Kirche übertragen. Ihr geistiger, vielmehr geistlicher Auftrag legt zunächst die Vermutung nahe, daß ihre Glieder und Amtsvertreter primär im Dienst eines Auftrags stehen, der keinen hohen Verdienst verheißt, sondern das ewige Glück, und der nicht die Maximierung der Lebensmittel, sondern die Erfüllung des Lebenszwecks in den Mittelpunkt unserer Hoffnung stellt.

Freilich vollzieht sich dieser Dienst *in* der Welt, im Hier und Jetzt von Gesellschaft und Geschichte. Dabei sind wir natürlich auf Naturalien und vor allem, weil es sehr praktisch ist, auf Geld angewiesen. Nicht, weil es das Geld wäre, das angeblich die Welt regiert – die *Herrschaft* von Geld und Kapital wird durch christlichen Geist gebrochen –, sondern weil wir zur Erreichung des Lebensziels der Lebensmittel bedürfen. Jeder Christ braucht Bibel und Gebetbuch, jede Verkündigung bedarf der Kanzel und anderer Sprachrohre, jede Gemeinde ist auf Räumlichkeiten angewiesen, und die Karitas hat ein Dreifaches nötig: 1. Geld, 2. Geld und 3. Geld. Überdies hat jeder Arbeiter im Weinberg des Herrn einen Anspruch auf Lohn, wenngleich die endgültige Lohnfindung nicht nach dem Prinzip der Leistungsgerechtigkeit und der Tarifautonomie erfolgt.

Nach dem Evangelium

Wenn besonders den Armen die Frohe Botschaft zu verkünden ist, kann es notwendig sein, zunächst einmal die materielle Lage der Armen tatkräftig zu verbessern. Das ist im übrigen schon vom christlichen Liebesgebot her gefordert. Aber machen wir uns damit nicht abhängig vom sogenannten „Mammon"? Das Evangelium hat eine etwas zwiespältige Auffassung vom Geld, das oft mit „Mammon" gleichgesetzt wird.

„Macht euch Freunde mit dem ungerechten Mammon." Mit diesem Satz beginnt ein Evangelium nach Lukas (Lk 16,9–15). Es ist ein merkwürdiger, schwer verständlicher Satz. Kann man sich mit „Mammon" überhaupt Freunde machen? Ist Freundschaft käuflich? Ich glaube eher, daß die wirklich bedeutsamen und entscheidenden Dinge des Lebens – wie Liebe, Freundschaft, Vertrauen und Lebenssinn – nicht für Geld und um keinen Preis zu kaufen sind. Auch wenn das kapitalistische Credo lautet: Alles ist käuflich, alles hat seinen Preis.

Der zitierte Satz des Evangeliums ist kaum zu verstehen, wenn man nicht seine Vorgeschichte kennt. Lukas berichtet zuvor von einem Gleichnis Jesu über einen ungerechten Verwalter. Dieser Verwalter soll von seinem Herrn wegen Untreue entlassen werden. Aber vor seiner Entlassung wird der Verwalter aktiv: Um sich für spätere schwierige Zeiten jetzt schon Freunde zu sichern, erläßt er den Schuldnern seines Herrn große Teile ihrer Schuld. Ein krimineller Akt, den man zwar nicht rechtfertigen, aber gut verstehen kann. Denn der Verwalter handelt auf seine Weise „klug" und „rational", denn er sorgt für seine Zukunft vor. Er schafft sich Freunde, die ihm später behilflich sein können. So mögen auch manche SED-Genossen kurz vor ihrem Machtverlust gehandelt haben, um Vorsorge für schlechtere Zeiten treffen.

Natürlich enthält das Evangelium keine Anleitung zur Veruntreuung. Aber es sagt uns doch: „Die Kinder dieser Welt sind klüger als die Kinder des Lichtes." Mit anderen Worten: Die gläubigen Freunde Gottes sorgen zuwenig vor, um in das Himmelreich zu gelangen, sie tun nicht genug, um die Freundschaft Gottes zu erhalten. Natürlich läßt sich auch Gott als Freund nicht kaufen, erst recht nicht mit gerechtem oder ungerechtem „Mammon". Das war ja gerade das Mißverständnis *Tetzels* mit dem Ablaßhandel, der zur kirchlichen Abspaltung *Luthers* führte. Aber unser Verhältnis zum „Mammon" bestimmt auch unser Verhältnis zu Gott. Denn wir können Gott nicht dienen und zugleich dem „Mammon" verfallen sein. Niemand kann zwei Herren dienen, sagt das Evangelium (Mt 6,24).

Wir stehen also vor einer Entscheidung, vor einer sehr schwierigen sogar: entweder – oder, kein Kompromiß! Wenn wir ehrlich sind, müssen wir zugeben, wie schwer uns oft diese Entscheidung fällt und wie unsicher wir dabei sind. Wir haben zu Recht ein schlechtes Gewissen. Das läßt sich nicht dadurch besänftigen, daß wir beteuern, unser Besitz sei doch gerecht erworben und sinnvoll eingesetzt. Wir müssen uns fragen, welche existentielle Bedeutung wir den materiellen Werten einräumen.

Hängen wir nicht allzu sehr – mit Leib und auch Seele – an den schönen Dingen, die wir uns erworben haben: das Auto, das Haus, das Bankkonto, die das Leben so angenehm machen? Hier wäre eine Testfrage angebracht: Könnten wir uns von diesen Dingen überhaupt noch trennen? Wären wir verzweifelt, wenn wir sie verlören? Würden wir mit Gott hadern, wenn wir über Nacht verarmten? Dann stünde unser Glaube auf sehr wackeligen Füßen.

Auf der anderen Seite: Not lehrt leider nicht nur beten, sondern auch fluchen. Wir kennen auch die Habsucht der Habenichtse und den Neid der Besitzlosen. Es gibt nicht nur eine verschämte, sondern auch eine unverschämte Armut, vor allem jene aus Trägheit. Es ist also nicht unbedingt eine Tugend, arm zu sein. Das ist auch nicht die Aussage des Evangeliums, daß nur materielle Armut den Zugang zu Gott eröffnen und seine Freundschaft garantieren könne. Umgekehrt ist Reichtum als solcher keine Schande, sondern eine Frage der inneren Haltung und des verantwortlichen Umgangs.

Gewarnt werden wir jedoch vor der Faszination, der Verführungsgewalt des Reichtums. Wenn wir zu stark an dem hängen, was wir haben, gewinnt es langsam Macht über uns. Und das Immermehrhabenwollen wird zu einer Sucht, von der wir nicht mehr loskommen.

Es gibt eine Gier nach Geld, die abhängig macht und den Menschen versklavt. Das wirkt wie eine Droge, wie ein Aphrodisiakum und muß immer höher dosiert werden. Schließlich wird der „Mammon" zum heilbringenden Fetisch, den man verehren muß. Es soll Leute geben, die es nicht ertragen können, daß sie sich spätestens bei ihrem Tod von diesen Dingen trennen müssen. Sie würden sich am liebsten selber zum Erben einsetzen, wenn es eine Reinkarnation gäbe, die es möglich macht, das Erbe auch anzutreten.

Das Evangelium aber erinnert uns daran, daß wir nicht den Dingen, sondern Gott zu vertrauen und zu dienen haben, damit wir unser Lebensziel nicht verfehlen. Die Dinge sind nur Mittel zum Zweck. Unser Leben und Arbeiten als einen einzigen Gottesdienst aufzufassen heißt: auf Gottes Willen hören, seinen Willen geschehen lassen. Er, der uns geschaffen hat, muß schließlich besser wissen als wir, was für uns gut ist. Ihm haben wir letztlich alles zu verdanken, was wir sind und haben. Ihn zu verherrlichen, Ihn also als unseren Herrn anzuerkennen, lehrt uns auch, wie wir mit den äußeren Dingen des Lebens umzugehen haben.

Gott ist und bleibt der Ureigentümer aller Dinge. Wir sind eigentlich nur Verwalter, die Rechenschaft schulden. Erst dann dürfen wir uns Freunde Gottes nennen, wenn wir fest auf Gott bauen – und nicht stattdessen auf andere Sicherheiten. Dann haben wir eigentlich nichts mehr zu verlieren und können gelassen und zuversichtlich unsere Aufgaben in der Welt erfüllen, gerade auch mit Hilfe des sogenannten „Mammons".

Im Evangelium finden sich einige kapitalismusverdächtige Stellen. Sie lassen sich mindestens als unternehmerfreundlich interpretieren, wie etwa das Gleichnis von den *Talenten,* die man nicht vergraben, sondern mit denen man wuchern sollte: Eine Analogie ökonomischer Effizienz, die freilich keinen Heilskapitalismus zuläßt. Andererseits fallen jene Bibelstellen ins Gewicht, die eine völlige Vermischung von Gottesdienst und Marktwirtschaft kritisieren. So etwa die dramatische Geschichte von den *Händlern und Geldwechslern,* die Jesus mit der Peitsche aus dem Tempel hinausgejagt hat: „Macht aus dem Haus meines Vaters keinen Marktplatz!" (Joh 2,16).

Auf die Gefahren des Reichtums macht vor allem die Geschichte von *Kamel und Nadelöhr* aufmerksam. Hier wird der

Eintritt in das Reich Gottes an bestimmte moralische Bedingungen geknüpft. Zum Beispiel haben es die „Reichen", also jene, die sich ganz und gar auf ihren Reichtum verlassen und nur an ihr eigenes Wohl denken, sehr schwer, in das Himmelreich zu kommen. Es sind vielmehr gerade die „Armen", und das meint hier vor allem die Erlösungsbedürftigen, denen das Himmelreich nähersteht. Darum ist die vorrangige „Option für die Armen" für Christen ein starkes Motiv, durch Karitas, auch im Bereich des Sozialen und Politischen, daran mitzuwirken, das Leiden zu mindern. Freilich müssen wir zugeben, daß wir als Christen keine speziellen Patentrezepte zur strukturellen Lösung von Armut und Leid besitzen. Wir haben auch keinen Grund zu der Annahme, daß überhaupt ein gesellschaftlicher Zustand erreicht werden könnte, in dem es keine Armut und keinen Mangel mehr gibt.

Allerdings sollten wir, wenn wir Armut minimieren wollen, „die Armen" auch nicht idealisieren. Zu den sieben *Grundlastern,* vor denen die christliche Tradition immer gewarnt hat, zählen Habsucht und Maßlosigkeit, aber auch Trägheit und Neid. Und es spricht nichts dafür, daß diese Untugenden bei denen, die sich heute und hierzulande als „arm" bezeichnen, nicht anzutreffen wären, ja daß sie oft gerade Ursache und Bestandteil der Armut sein können.

„Die Kinder dieser Welt" sind nach Auskunft des Evangeliums „klüger als die Kinder des Lichtes". Sollten wir uns zur letzteren Personengruppe zählen, dürften wir uns nicht darüber wundern, wenn wir gelegentlich als begehrte Objekte von Täuschung und Betrug gelten. Manche glauben, die Kirchenleute, die Christen seien doch sehr leichtgläubig, demütig und naiv, sie lassen sich alles gefallen – und man könne alles mit ihnen machen, denn sie verzeihen alles. Christliche Gutmütigkeit wird oft ausgenutzt und allzu große Vertrauensseligkeit schadet dem kirchlichen Ansehen. Die meisten innerkirchlichen Finanzskandale sind darauf zurückzuführen. So daß ich kürzlich sogar einen prominenten Kirchenoberen – ich traute meinen Ohren nicht – *Lenin* zitieren hörte: „Vertrauen ist gut, Kontrolle ist besser."

Zur Erhellung dieses Tatbestandes möchte ich eine kleine Begebenheit wiedergeben, die man sich in Paderborn erzählt. Als der Vorstand der kirchlichen Bank in Paderborn dem früher dort amtierenden Generalvikar *Josef Droste* in den Mantel helfen wollte, meinte dieser trocken: „Lassen Sie das. Bei so einer Gelegenheit sind mir schon mal fünf Mark abhanden gekommen." Ich kann mir aber kaum vorstellen, daß ein gesundes Mißtrauen notwendig derartige Formen annehmen muß.

Kirche in der Marktgesellschaft

Für kirchliche Unternehmungen, in denen sich ökonomische Kompetenz und Professionalität bewähren muß, gilt der Grundsatz: Keine Gewinnmaximierung durch riskante Spekulation, sondern effizienter und kostengünstiger Dienst für Kunden. Die Kirche wirtschaftet nicht, um selber reich zu werden, sondern um den erwirtschafteten Reichtum für die Bedürftigen zu verwenden. Also für das, was wir als „gute Werke" zu tun verpflichtet sind.

Dabei darf die Kirche in ihrem Geschäftsgebahren nicht gerade das abbilden, was sie an anderen zu recht kritisiert. Problematisch sind: Finanzbeteiligungen an Unternehmen, die in ihren Produkten und Produktionsmethoden moralisch zweifelhaft sind. Dazu gehören etwa Aktien einer Pharmaindustrie, die mit Embryonen experimentiert. Oder auch Beteiligungen an Medienunternehmen, die ihre Gewinne durch *sex & crime* erzielen. Wie sollte ein Pfarrer glaubwürdig von der Kanzel gegen eine Gewalt- und Pornodiktatur anpredigen, von der gleichzeitig seine eigene Kirche profitiert?

Unabhängig vom gerade vorherrschenden Wirtschaftssystem ist die Kirche gehalten, sparsam und effizient zu wirtschaften, also mit geringem Aufwand an Verwaltung und Organisation, mit vielen Ehrenamtlichen und Professionellen, und immer in Demut: Also mit dem Mut zu dienen und der Bereitschaft zu eigenem Konsumverzicht. Gerade wenn die Kirche wirtschaftlich handelt, muß sie wissen, daß sie als „Salz der Erde", als „Licht der Welt" und als „Stadt auf dem Berge" zu wirken hat.

Der globale Geist des Kapitalismus ist dabei, alle Lebensbereiche in seinen Griff zu bekommen. Auch das kirchliche Leben ist davon betroffen, wenn es sich auf dem „Markt der Möglichkeiten" präsentiert. Hier kann jeder seine Nachfrage befriedigen, sein Angebot ausstellen und nach Kosten und Nutzen kalkulieren. Aber wie unverbindlich und beliebig ist diese postmoderne Marktreligion! Und kaum vereinbar mit einer unverfügbaren (dogmatischen) Offenbarungsreligion, deren Wahrheitsanspruch sich zwar im allgemeinen „Angebot" befindet, aber nicht durch die jeweilige Nachfrage gesteuert werden kann.

In der Kirche gibt es kein Privateigentum und autonomes Verfügungsrecht an den Gütern des Glaubens. Christliche Erlösung (als Gnadengeschenk) wird nicht als Ware gehandelt, läßt sich nicht produzieren und konsumieren – und auch nicht vermarkten wie ein Waschmittel. Dennoch könnte es zur besseren Wahrnehmung kirchlicher Aufgaben beitragen, ökonomische Effizienzkriterien zu berücksichtigen. Dies geschieht bereits in manchen Pastoralplänen und besonders im Bereich der kirchlichen Karitas.

Die moderne Ökonomie zeigt Schattenseiten, aber sie läßt sich auch als eine positive Herausforderung der Kirche interpretieren. Hat der kirchliche Missionsauftrag, der oft in Vergessenheit gerät, nicht auch etwas mit Werbung zu tun? Um nicht in den Privatbereich abgedrängt zu werden, ist die Kirche auf „public relations" angewiesen, also auf informierende, glaubensbildende Öffentlichkeitsarbeit. Dazu benötigt sie das, was in der heutigen Unternehmenskultur als *corporate identity* selbstverständlich ist.

Bei der Vermittlung ihres Glaubens und ihrer moralischen Werte steht die Kirche vor gewaltigen Problemen. Die Kirche kommt nicht daran vorbei, über ihren elementaren Verkündigungs- und Missionsauftrag neu nachzudenken. Dies ist gewiß zunächst eine Frage des Glaubens und der spirituellen Wiederbelebung der Kirche, die sich auf ihren inneren Wahrheitskern besinnen muß. Erst von daher wird die Wahl der Mittel und Methoden zur Neuevangelisierung zu entscheiden sein.

Manager können auf die Erfolge christlicher Missionsgeschichte verweisen, in der bereits eine ausgeklügelte Marketingstrategie antizipiert wurde. So etwa bei der Jesuitenmission in Rußland, die – wie *Peter Müller* nachgewiesen hat – als historisches Vorbild für eine Strategie des *Going East* gelten kann. Seelsorger hingegen müssen die Heilsverkündigung auch ohne ausdrückliche Nachfrage anbieten – „ob gelegen oder ungelegen". Sie stellen sich in der Kirche einer Kraft zur Verfügung, die etwas anderes erstrebt als Geld, Macht und Marktbeherrschung.

Arbeit, Kapital, Eigentum

Zur Arbeit verpflichtet und berechtigt

Die Pflicht zur Arbeit an den Anfang zu setzen und damit auch ihren Vorrang vor einem Recht auf Arbeit zu betonen, scheint in Zeiten hoher Arbeitslosigkeit einigermaßen unpassend zu sein. Einem Arbeitslosen die Pflicht zur Arbeit einzuschärfen, könnte entweder als blanker Hohn – oder als Aufforderung zur Schwarzarbeit verstanden werden. Ein Arbeitsloser würde selbstverständlich auf sein *Recht* auf Arbeit pochen und geneigt sein, sich dieses Recht einfach zu nehmen, indem er seine Arbeitskraft auf dem schwarzen Markt anbietet.

Anachronistisch erscheint die Hervorhebung der Pflicht auch in einer Zeit, in der moralische Anforderungen, wenn sie mit Anstrengung und Verzicht verbunden sind, weitgehend als freiheitseinschränkende Zumutungen empfunden werden – und in der man eher daraufhin trainiert wird, seine eigenen Neigungen, Interessen und Ansprüche anderen gegenüber zu artikulieren und durchzusetzen. Ein Meinungsklima, in dem die Emanzipation von lästigen Pflichten und Bindungen als Freiheit empfunden wird, mag dazu beigetragen haben, daß sich hedonistische Haltungen auch in der Arbeitswelt deutlich bemerkbar machen.

Gegenwärtig zeigt sich die paradoxe Situation, daß man einerseits die Arbeitslosigkeit als Not empfindet, andererseits aber sich der *Last* der Arbeit entziehen möchte. In dieser Situation hat es freilich keinen Sinn, an die arbeitsmoralische Pflicht zu appellieren. Vermutlich wird bei wachsender Arbeitslosigkeit auch jene Arbeit verstärkt als ein knappes und wertvolles Gut erfahren, die bisher als unbefriedigend oder unzumutbar angesehen wurde. Hier zeigt sich bereits die offensichtlich dauerhafte Ambivalenz der Arbeit zwischen Last und Lust, zwischen Leid und Glück.

Im 19. Jahrhundert hatte *Paul Lafargue,* der Schwiegersohn von *Karl Marx,* ein zwischen Ernst und Satire angelegtes Pamphlet geschrieben über „Das Recht auf Faulheit. Die Widerlegung des Rechtes auf Arbeit". Darin wendet er sich gegen die Arbeitssucht, von der die Arbeiterklasse befallen sei, und fordert das Proletariat auf, nicht ein Recht auf Arbeit zu verlangen, das nur ein Recht auf Elend sei, sondern ein „ehernes Gesetz zu schmieden, das jedermann verbietet, mehr als drei Stunden pro Tag zu arbeiten".

Die organisierte Arbeiterschaft hat diese Anregung bisher nicht aufgegriffen. *Oswald von Nell-Breuning* konnte sich freilich vorstellen, „daß wir dahin kommen werden, daß zur Deckung des gesamten Bedarfs an produzierten Konsumgütern ein Tag in der Woche mehr als ausreicht". Immerhin ist die Arbeitszeit in den vergangenen hundert Jahren um die Hälfte reduziert worden. Schon aus der mehr oder weniger utopischen Perspektive heraus, daß die Arbeitszeit immer mehr schrumpft und sich auf den Nullpunkt zubewegt, ergibt sich eine zunehmende Relativierung des Anspruchs, mit dem ein soziales Menschenrecht auf Arbeit gefordert wird.

Wirkungsgeschichtlich hat sich das jüdisch-christliche Arbeitsverständnis in den von ihm geprägten Kulturkreisen weitgehend durchgesetzt, und zwar gegenüber einer griechisch-römischen Kultur, in der die körperliche Arbeit verpönt und den Sklaven und Fremden vorbehalten war. Der freie Bürger nahm für sich nicht das Recht auf Arbeit in Anspruch, sondern gab sich vornehmlich der Politik und der Muße hin, während der Unfreie zur harten Arbeit gezwungen wurde.

Vom Wert der Arbeit

Der krasse Gegensatz zwischen körperlicher und geistiger Arbeit wurde erst durch die jüdisch-christliche Arbeitsbewertung überwunden, durch das paulinische „Wer nicht arbeiten will, soll auch nicht essen" – wie auch durch das benediktinische „Bete und arbeite", das die Arbeit als eine Art Dienst am Frieden ansah, in dem die Kontemplation gedeihen konnte. Für *Thomas von Aquin* war die Arbeit nicht nur auf die Beschaffung des Lebensunterhalts bezogen, sondern diente auch als Heilmittel gegen lasterhaften Müßiggang und als Ermöglichung des Almosengebens. Die Verabsolutierung der Arbeit zum Lebensinhalt und Lebenssinn ist aber, wie *Werner Conze* hervorhob, ein typisches Produkt der Säkularisierung, die in *Thomas Carlyle* soweit ging, die Arbeit mit Religion gleichzusezten.

Seit Papst *Leo XIII.* wird in den päpstlichen Dokumenten der Katholischen Soziallehre der Mensch sehr oft als ein Wesen vorgestellt, das zur Arbeit verpflichtet – und damit auch berechtigt ist. Dem Gedankengang liegt meist das klassische Axiom *agere sequitur esse* zugrunde: Der Mensch *ist* von seiner Natur aus auf Arbeit angelegt, also *soll* er arbeiten – und muß gleichzeitig dazu berechtigt sein. Auch die Enzyklika „Laborem exercens", die Papst *Johannes Paul II.* vor dreißig Jahren verfaßte, läßt diesen Zusammenhang erkennen.

Im biblischen Bericht der Genesis erscheint Gott als der erste und ursprüngliche Arbeiter, der die Welt in sechs Tagen aus dem Nichts erschaffen hat und am siebten Tage ausruhte, was natürlich nicht wörtlich genommen werden muß – etwa als Modell für die zeitliche Aufteilung von Arbeit und Ruhe. Entscheidend ist, daß der Mensch oberstes Geschöpf und Ebenbild eines überaus produktiven Schöpfers ist, das durch einen eigenen Schöpfungsauftrag ausdrücklich dazu verpflichtet wird, sich die Erde durch Arbeit untertan zu machen. Damit ist der Mensch auch berechtigt, die Natur eigenverantwortlich zu beherrschen und für seine Zwecke umzuwandeln.

Daß dieser Herrschaftsauftrag mißverstanden werden kann als Erlaubnis, die Natur nur als ein gewaltiges Rohstofflager anzusehen, das man beliebig ausplündern und verunstalten kann, mißverstanden auch als Genehmigung, den Menschen als Material willkürlich (etwa genetisch) zu manipulieren, wird gerade in unserer Gegenwart deutlich. Nur kann man für dieses Mißverständnis nicht das jüdisch-christliche Erbe verantwortlich machen, sondern eher den Geist einer fortschritts- und wachstumsbesessenen Moderne, die es verlernt hat, Ehrfurcht vor den Spuren Gottes im Menschen und in der Natur zu empfinden. Von diesem „modernen" Ungeist ist freilich nicht nur der Kapitalismus, sondern auch der Sozialismus gezeichnet.

Entgrenzung und Eingrenzung

Aus der Sicht von „Laborem exercens" kann Arbeit umschrieben werden als bewußte, verantwortliche und zielgerichtete Tätigkeit zur Verarbeitung von Sachen, zur Bereitstellung von Diensten, aber auch zur „Bearbeitung" von Menschen und gesellschaftlichen Institutionen durch Erziehung, Bildung, Organisation und Politik.

Diese Entgrenzung des Arbeitsbegriffs verhindert eine Engführung des „Faktors Arbeit" auf die abhängige Lohnarbeit. Vor allem aber bedeutet die schöpfungstheologische Betonung des kreativen und innovatorischen Charakters der Arbeit eine Relativierung des proletarischen „Mythos der Maloche", der in dem Kampfruf gipfelte: „Alle Räder stehen still, wenn dein starker Arm es will!" Dieser Satz konnte als Ausdruck der Überkompensation einer Unterbewertung von körperlicher und abhängiger Arbeit durchaus verständlich erscheinen. Aber mit zunehmender Automatisierung kommt es wohl mehr auf die kreativen Köpfe als auf die starken Arme an.

Dieser geschichtliche Vorgang, der vielleicht verzögert, aber kaum aufgehalten werden kann, fordert nicht nur den Arbeitnehmern und ihren Gewerkschaften einen ungeheuren Lernprozeß ab, sondern auch den Unternehmern. Gerade in dieser Situation erweist sich die Entgrenzung des Arbeitsbegriffs als überaus vorteilhaft. Denn Arbeit umfaßt schließlich mehr als nur mechanische Handgriffe, die maschinell ersetzbar sind und von Automaten besser geleistet werden können. Der kreative und innovatorische Charakter der Arbeit muß sich gegenwärtig gerade darin bewähren, daß er neue, anspruchsvollere Formen der Arbeit entdeckt oder erfindet.

Im christlichen Denken erfährt der Arbeitsbegriff aber auch eine wesentliche Eingrenzung, was seinen existentiellen Stellenwert betrifft: Arbeit ist nicht alles, sie ist kein Selbstzweck und darf nicht verabsolutiert werden. Vielmehr stellt die Arbeit, jede Arbeit, nur ein Mittel zum Zweck dar. Grundsätzlich ist sie ein wesentliches und unverzichtbares Mittel zum Zweck der sogenannten „Selbstverwirklichung", d. h. sie dient der Erhaltung und Entfaltung des Menschen und soll seine natürlichen Anlagen, Zielbestimmungen und Werte verwirklichen. Diesem Zweck dient allerdings die Arbeit nicht als einziges Mittel. Es gibt Formen einer manchmal zwecklos erscheinenden, aber höchst sinnvollen Tätigkeit – wie etwa das Spiel, die Feier, das Gebet, die Meditation und auch der Sport –, die nicht mit Arbeit gleichzusetzen sind und auch nicht in Arbeit ausarten dürfen. Der Mensch ist nicht nur ein arbeitendes, sondern wohl auch ein „spielendes Wesen" *(homo ludens),* wie *Hugo Rahner* sagte. Daraus ergibt sich eine bleibende Differenz zwischen dem Arbeits- und dem Praxisbegriff. Und weil eben Arbeit und Praxis nicht völlig identisch sind, läßt sich eine Überbewertung der Arbeit vermeiden und ein Mangel an Arbeit durch andere Formen der Praxis kompensieren.

Als Mittel zum Zweck zeigt sich die Arbeit auch auf einer konkreten Ebene der Wirklichkeit, wenn nach den materiellen Grundlagen der Selbstentfaltung gefragt wird. Angesprochen ist hier der wirtschaftliche Bereich, in dem es zunächst schlicht darum geht, durch Arbeit seinen Lebensunterhalt zu erwerben. Hier kommt vor allem die Arbeit als Leistung ins Spiel, die nach ihrem qualifizierbaren Ergebnis belohnt wird.

Mit der übergebührlichen Konzentration auf die Arbeit als bezahlte Erwerbstätigkeit tauchen jedoch Gefahren auf: Daß nämlich eine gewisse Leistungsbesessenheit und Anschaffermentalität die Erarbeitung des Lebensmittels mit der Erreichung des Lebenszwecks verwechselt. Daß zweitens nur jene Arbeit etwas gilt, für die eine relativ hohe Bezahlung erfolgt, wobei unentgeltliche oder ehrenamtliche Arbeiten (wie in Haushalt und Erziehung, Kirche und Verbänden) dementsprechend degradiert werden. Und daß drittens der Zusammenhang zwischen Erwerbstätigkeit und einer als sinnvoll erlebten Arbeit verlorengeht.

Was die „Humanisierung" der Arbeit betrifft, so geht die katholische Soziallehre zunächst einmal von der allgemein nachvollziehbaren Erfahrung aus, daß Arbeit meist auch mit Mühe und Last verbunden bleibt. Dies kommt in dem biblischen Bild zum Ausdruck, daß nach dem Sündenfall (Gen 3,17–19) Dornen und Disteln und Schweiß zur Arbeit gehören.

Dieser Sündenfall ist nicht, wie Marxisten annehmen, mit der Einführung des Privateigentums identisch. Er läßt sich also auch nicht durch die Abschaffung des Privateigentums rückgängig machen, wie auch das Problem der Entfremdung und Fremdbestimmung der Arbeit nicht etwa von den bisherigen Modellen einer sozialisierten Wirtschaft gelöst worden ist.

Daß man sich, um ein anderes biblisches Bild zu gebrauchen, das Kreuz der Arbeit erleichtern kann und soll, diese selbstverständliche Aufforderung bedarf keiner eigenen theologischen Rechtfertigung. Sie ist eher eine Frage des technischen Fortschritts, der schon viele Probleme gelöst hat, aber auch immer neue aufwirft. Von daher bleibt der christliche Gedanke der Askese, die Mühsal der Arbeit auf sich zu nehmen – und darin sogar am Erlösungswerk Christi mitwirken zu können (wie es in „Laborem exercens" Nr. 27 heißt) – durchaus aktuell.

Die schöpfungstheologische Begründung einer Pflicht zur Arbeit führt, wie gesagt, nicht zu einer Verabsolutierung der Arbeit zum Lebensinhalt. Das kommt auch in dem paulinischen „Wer nicht arbeiten will, soll auch nicht essen" (2 Thess 3,10) zum Ausdruck. Dieser Ausspruch setzt ja gerade voraus, daß diejenigen, die noch nicht, nicht mehr oder überhaupt nicht arbeiten *können,* ein Existenzrecht haben und nicht ihren Lebenszweck verfehlen müssen. Gemeint ist wohl, daß die Arbeitsfähigen nicht parasitär auf Kosten anderer leben sollen.

Angesprochen ist hiermit auch schon ein weiterer Begründungszusammenhang, in dem die Pflicht zur Arbeit gesehen werden muß. Diese Pflicht folgt nicht nur aus dem allgemeinen Schöpfungsgedanken, also aus der Natur des Menschen und aus dem Schöpfungsauftrag, sondern wird auch in der konkreten gesellschaftlichen und geschichtlichen Dimension des Menschen verankert. So heißt es in „Laborem exercens" (Nr. 16): „Zu arbeiten schuldet der Mensch seinen Mitmenschen, insbesondere seiner Familie, aber auch der Gesellschaft, der er angehört; er schuldet es der Nation, deren Sohn oder Tochter er ist, ja der ganzen Menschheitsfamilie, deren Glied er ist, als Erbe der Arbeit der früheren Generationen und zugleich Mitgestalter der Zukunft derer, die im weiteren Ablauf der Geschichte nach ihm kommen werden."

Arbeit als Freiheitsrecht

Das Recht auf Arbeit ist zunächst als ein ethisches Freiheitsrecht anzusehen, jede Arbeit ausüben zu dürfen – und auch nicht daran gehindert zu werden, seinen Beruf und seinen Arbeitsplatz frei zu wählen. Diese Freiheit darf natürlich nicht idealistisch mißverstanden werden. Nicht jeder kann Förster werden und sich seinen romantischen Traum erfüllen. Die harte Realität von Angebot und Nachfrage sowie der Nachweis von Qualifikation und Leistung schränken die Freiheit für eine Arbeit, die auch bezahlt werden will, erheblich ein.

Inwieweit dieses Freiheitsrecht auf Arbeit noch zusätzlich durch gesetzliche Regelungen beeinträchtigt wird, ist hier nicht zu klären – und wäre Sache einer kritischen Durchforstung des Paragraphendschungels, der es offensichtlich vielen Leuten schwermacht, eine Anstellung zu finden oder sich selbständig zu machen. In dieses Kapitel fällt auch die Anfrage an unser System der Steuern, der Sozialabgaben und der Tariflöhne, ob es nämlich die freie Entfaltung der Arbeit dadurch

behindert, daß es den Preis für bestimmte Arbeiten so hochge-
schraubt hat, daß sie nicht mehr bezahlt werden können.

Einen positiv-rechtlich einklagbaren Anspruch auf einen
bestimmten Arbeitsplatz kann es freilich nicht geben. Man
kann nicht beides zugleich haben: eine freie Wahl *und* einen
sicheren Anspruch. An wen soll sich der Rechtsanspruch auf
einen konkreten Arbeitsplatz wenden, an einzelne Arbeitgeber oder an den Staat? In einer Marktwirtschaftsordnung und
in einem freiheitlichen Rechtsstaat fehlt der Adressat oder
Schuldner, der einen solchen Anspruch einlösen könnte. Nur
wenn der Staat über die Produktionsmittel verfügte, könnte
er eine Arbeitsplatzgarantie übernehmen. Dafür wäre aber ein
hoher Preis zu zahlen: nicht nur ökonomisch, weil der Staat als
wirtschaftendes Subjekt meist unproduktiv ist und den Mangel
verwaltet.

Es geht hier vor allem um den Preis der Freiheit. Denn wenn
jeder ein Anspruchsrecht auf einen Arbeitsplatz gegenüber dem
Staat hätte, müßte dieser auch die Verteilung der Arbeitsplätze
vornehmen und ihre Zumutbarkeit definieren. Damit könnte er
sich letzten Endes auch das Recht nehmen, einzelne zur Besetzung notwendiger, aber beschwerlicher Arbeitsplätze zu zwin-
gen. Diese rechtliche Zwangskompetenz des Staates würde aber
zum einen das Recht auf freie Berufs- und Arbeitsplatzwahl
aufheben und zum andern gegen das Verbot des Arbeitszwangs
oder der Zwangsarbeit verstoßen. Auch müßte der Staat dann
das Recht auf Privateigentum an Produktionsmitteln abschaf-
fen oder das Verfügungsrecht über Kapitalinvestitionen völlig
aushöhlen.

Arbeitslosigkeit als Privileg?

Problematisch wird es bei einem Mangel an bezahlten Arbeits-
plätzen – unbezahlte Arbeitsmöglichkeiten bieten sich ja genug an. Dann stellt sich die Frage: Wozu dann ein Freiheitsrecht auf Arbeit, wenn man von der Freiheit keinen Gebrauch

machen kann? Was nützt mir die bloße Freiheit vom staatlichen Reglement, wenn mir keiner eine Arbeits- und Verdienstmöglichkeit bietet?

Diese Frage läßt sich nicht so ohne weiteres dadurch entschärfen, daß man auf den erweiterten Arbeitsbegriff verweist und die Aufmerksamkeit auf die Nicht-Erwerbstätigkeit, etwa auf ehrenamtliche Aufgaben lenkt. *Oswald von Nell-Breuning* hatte am Ende seines langen Lebens in einem Interview eine Zukunftsvision geäußert: „Wir müssen auf eine Ordnung der Gesellschaft zusteuern, bei der mehr oder weniger alle nur noch einen *Teil* ihrer Zeit und Kraft für Erwerbstätigkeit einsetzen und mehr und mehr sich den Aufgaben in der Familie, ihren Aufgaben im öffentlichen Leben, aber auch im Geistesleben und künstlerischen Leben usw. widmen. Die Erwerbstätigkeit kann und sollte nach meiner Vorstellung schließlich zu einer Randerscheinung im menschlichen Leben werden."

Und *Nikolaus Lobkowicz* ging sogar soweit, das Problem nicht darin zu sehen, „daß es Arbeitslose gibt, sondern daß diese ihren Zustand als Schmach empfinden". Er schlug vor, den Arbeitslosen „sinnvolle Vorschläge" für ein Tun außerhalb der Lohnarbeit zu unterbreiten. Dann sollte auch „nicht mehr von Arbeitslosenunterstützung, sondern von einem Dank der Gesellschaft für ihr selbstloses Tun die Rede sein".

Gefährlich an solchen Äußerungen ist, daß sie als Trostpflaster mißbraucht werden können zur Beruhigung der Arbeitslosen, die ja ihr Schicksal als Antizipation einer verheißungsvollen Zukunft auffassen können, in der Erwerbstätigkeit sowieso kaum mehr eine Rolle spielen soll. Sind die Arbeitslosen – ohne es zu wissen – in Wirklichkeit sogar die eigentlich Privilegierten, die, von den Zwängen der Erwerbstätigkeit befreit, sich den eigentlich sinnvollen Aufgaben widmen können – und dafür zwar keinen Lohn, aber doch einen Dank der Gesellschaft erhalten? Ist das Problem der Arbeitslosigkeit vielleicht nur ein Scheinproblem, das auf ein falsches Bewußtsein zurückzuführen ist? Und läßt sich dieses Problem durch bloße Bewußtseinsveränderung aus der Welt schaffen?

Dagegen spricht meines Erachtens das tiefverwurzelte und nicht zufällig weitverbreitete Bedürfnis, daß man (erstens) selbstverantwortlich durch Arbeit den Lebensunterhalt für sich und seine Familie verdienen will. Daß man (zweitens) sich nützlich machen will in einer Arbeit, die nachgefragt und dann auch gerecht vergütet wird im Verhältnis Leistung und Gegenleistung („jeder Arbeiter ist seines Lohnes wert"). Und daß man (drittens) nicht als Kostgänger und Wohlfahrtsempfänger des Staates gelten und der Allgemeinheit zur Last fallen will.

Zwar ist das „Recht auf Leben und angemessenen Lebensunterhalt" nicht notwendig gekoppelt an ein „Recht auf Arbeit" und kann auch ohne den Nachweis einer Erwerbstätigkeit wahrgenommen werden, jedenfalls in einem florierenden Sozial- und Wohlfahrtsstaat. Aber gerade weil der einzelne und seine Familie nicht auf Gedeih und Verderb dem Staat ausgeliefert sein will und soll, bleibt er auf eine Erwerbstätigkeit angewiesen, wenn diese auch in Zukunft anders bewertet und aufgeteilt werden mag.

Die katholische Soziallehre bleibt nun nicht bei einem liberalen Verständnis des Rechts auf Arbeit als eines bloßen Freiheitsrechts stehen, sondern faßt es als ein Recht auf Gelegenheit oder *Möglichkeit* zur Arbeit auf, die hier auch die Erwerbstätigkeit umfaßt. Dem entspricht die sozialethische Pflicht, solche Möglichkeiten zu schaffen. Ob es sich dabei um freie Berufsexistenzen oder abhängige Arbeitsverhältnisse handelt, ist damit noch nicht gesagt, wie auch die Arbeitsbereiche offengelassen werden. Sicher ist nur, daß es sich nicht um ein einklagbares Anspruchsrecht auf einen bestimmten Arbeitsplatz handeln kann.

Gewöhnlich wird dieses sozialethische Recht auf allgemeine Möglichkeit zur Arbeit interpretiert als eine sozialethische Pflicht, Vollbeschäftigung herbeizuführen. Aber wer soll diese Pflicht wahrnehmen? Als Antwort darauf fällt den meisten spontan zunächst der Staat ein, jener mythologische „Vater Staat", der den Mangel an eigener Initiative zu kompensieren hat. Daß es auch einmal erforderlich sein kann, daß der Staat etwas unterläßt, ist ein, vor allem in Deutschland ziemlich ungewöhnlicher Gedanke, der aber dem Prinzip der Subsidiarität entspricht.

Subsidiäre Lösungen

Dieses Prinzip regelt die Zuständigkeit aller sozialen Handlungen in der Weise, daß der Vorrang der Initiative den „betroffenen" einzelnen und Gruppen gebührt, denen, soweit nötig, zur Selbsthilfe geholfen werden soll von der jeweils größeren gesellschaftlichen Einheit – und erst letzten Endes vom Staat. Nur auf diesem Weg von unten nach oben wird die vielbeschworene „Basis" wirklich ernst- und auch in die Pflicht genommen. Ich möchte nun, wenigstens ansatzweise und in einem Dreierschritt, den Versuch machen, die Lösungsproblematik der ökonomischen Arbeitslosigkeit aus dem Blickwinkel der Subsidiarität zu betrachten.

Da wären zunächst die Betroffenen selbst, die Arbeitslosen und die von Arbeitslosigkeit Bedrohten, zu befragen. Man wird von ihnen erwarten dürfen, daß sie sich den Weg zu einer Anstellung nicht durch mangelnde Mobilität verbauen. Das Problem der geistigen und räumlichen Mobilität liegt oft bei den Betroffenen selbst und kann weitgehend auch von ihnen selbst gelöst werden. Das gilt für das Problem der Zumutbarkeit generell. Die Maßstäbe für das, was als „gerade noch" oder „nicht mehr" zumutbar gilt, müssen in Zeiten des Wirtschaftswachstums andere sein als in Zeiten einer Wirtschaftskrise mit hoher Arbeitslosigkeit. Gegenwärtig müssen andere Maßstäbe an die Zumutbarkeit der Arbeit angelegt werden als in früheren Zeiten, da man sich erlaubte, für unangenehme Tätigkeiten Gastarbeiter anzuwerben. Viele Arbeitnehmer würden eher einen geringeren Lohn, eine schwierigere Arbeit und einen weiteren Weg in Kauf nehmen als die Aussicht, arbeitslos zu werden.

Zu diesem landläufigen Tabu darf ich nochmals den Klassiker *Oswald von Nell-Breuning* zitieren, der gewiß kein Apologet des

Kapitalismus war: „Gerade bei der Zumutbarkeit hat sich das von den Politikern gezüchtete *Anspruchsdenken* verheerend ausgewirkt und die Solidarität zerstört. Zum Mindestmaß von Solidarität gehört, daß ich andern nicht zur Last falle, solange ich mir selbst helfen kann. Solange ich mich durch eigene Arbeit erhalten kann, habe ich keinen Anspruch darauf, mich durch Beiträge anderer erhalten zu lassen, bloß weil ich mich für die Arbeit, die ich finden kann, zu fein dünke. Zumutbar ist jede Arbeit, nach der Bedarf besteht, für die ich die unentbehrliche Qualifikation besitze und die ich ohne Überforderung meiner Kraft leisten kann. Selbstverständlich wird man nach Möglichkeit jedem die seiner Qualifikation am besten entsprechende Arbeit zu vermitteln suchen, aber nach christlicher Überzeugung ist jede Arbeit ehrenvoll und jedem, der sie leisten kann, grundsätzlich zumutbar."

Auch den Unternehmern wird heute mehr zugemutet als noch vor einigen Jahrzehnten, was man an den zahlreichen Konkursen ablesen kann. Hier zeigt sich auch, daß die Arbeitslosigkeit einzelner Unternehmer, die kein Recht auf Absatz und Aufträge fordern können, die Arbeitslosigkeit nach sich zieht. In das Kapitel der Eigeninitiative der Arbeitssuchenden gehört auch die Frage, wie leicht oder schwer es einem gemacht wird, sich selbständig zu machen. Ferner auch die Frage der gesellschaftsrechtlichen Kooperation von Leuten, die ihre eigenen Arbeitgeber sind. Hier zeigen sich besonders in der alternativen „Szene" einige bemerkenswerte Ansätze von Genossenschaften, die im Sinne der Subsidiarität liegen.

In der Kompetenzreihenfolge dieses Prinzips sind an zweiter Stelle die „direkten Arbeitgeber" zu nennen. Von denen erwartet die Enzyklika „Quadragesimo anno" (1931), daß sie ihre Gewinne investieren sollen, um dadurch neue Arbeitsplätze zu schaffen, womit dann auch die soziale Verpflichtung des Eigentums zum Ausdruck kommt. Dieses Ansinnen setzt jedoch voraus, daß überhaupt Gewinne gemacht werden, und daß auch für die Zukunft Gewinne erwartet werden können.

Erst an letzter, aber vielleicht doch entscheidender Stelle sind die von „Laborem exercens" so genannten „indirekten Arbeitgeber" zu nennen, also die Tarifparteien und der Staat. Die Tarifpartner müssen sich nachsagen lassen, daß sie sich als Kartelle so verfestigt haben wie die Zünfte im Mittelalter. Sie denken vornehmlich in Kategorien globaler Großeinheiten und halten an einer Tarifstruktur fest, die über regionale und sektorale Verschiedenheiten hinweggeht. Die Verantwortung der Tarifparteien für die Arbeitsplätze wird vor allem am Beispiel der Lohnpolitik deutlich, die den Preis für die Arbeit so in die Höhe getrieben hat, daß er für viele an sich notwendige und gefragte Arbeiten nicht mehr gezahlt werden kann. Hier scheinen sich die großen Verbände auf Kosten Dritter, nämlich der Arbeitslosen, zu einigen.

Dem Staat steht nach dem Subsidiaritätsprinzip die Kompetenz zu, einen Koordinierungsrahmen zu schaffen und günstige Bedingungen herzustellen, die die freie Initiative von einzelnen und Gruppen stimulieren und fördern. Er muß also zunächst all das *unterlassen,* was die Eigeninitiative lähmt und die Bereitschaft zur Selbsthilfe schwächt. Das betrifft vor allem die Steuerpolitik und die Sozialpolitik, aber auch die Sozialversicherungen, auf die der Staat Einfluß hat. Vielleicht muß in Deutschland – aus der Tradition des Obrigkeitsstaates heraus – die Initiative „von oben", von den Regierenden kommen: So daß man uns mit sanftem Druck darauf aufmerksam macht, daß wir uns für die eigene Freiheit und Selbstverantwortung mehr strapazieren – und weniger auf eine staatlich garantierte und verordnete Sicherheit vertrauen sollten.

Von Menschen und Maschinen

„Der Mensch steht im Mittelpunkt, aber dort stört er bloß." Ein zynischer Spruch, der aber ziemlich genau die kapitalistische Erwartung einer menschenleeren Fabrik zum Ausdruck bringt.

Allerdings haben sich diese Erwartungen nicht erfüllt. Maschinen und Automaten, in die immer mehr Kapital investiert wird, sollen zwar den teuren „Faktor" Arbeit ersetzen oder wenigstens seine Produktivität steigern. Aber diese technischen Geräte sind nicht gerade pflegeleicht. Sie werden schließlich von anspruchsvollen Menschen konstruiert, bedient, gewartet und weiterentwickelt. Sie sollen überdies „den Menschen" dienen, wie wir technikgläubig hoffen.

Leider kommen „die Menschen" mit dem technischen Fortschritt nicht mehr mit. Sie können vielleicht gerade noch ihr neues *iPhone* benutzen, seine Funktionsweise durchschauen können sie nicht. Und bevor sie die Gebrauchsanweisung einigermaßen verstanden haben, ist schon ein neues Modell auf dem Markt und das alte kommt in den Müll. Das nennt sich technischer Fortschritt oder immerwährendes Wachstum. Wobei sich einige nachdenkliche Zeitgenossen immer noch den Luxus erlauben, nach dem Wohin dieses Fortschritts, nach dem qualitativen Sinn dieses Wachstums zu fragen. Man wird ja noch fragen dürfen.

Gewiß hat sich mit dieser kapitalistisch stimulierten Entwicklung eine ganz neue Klasse von arbeitenden Menschen gebildet. Es ist die Klasse der technischen Intelligenz, eine Klasse von naturwissenschaftlich-technischen Spezialisten, die ganz neue Abhängigkeitsverhältnisse geschaffen hat. Die hatte *Karl Marx* nicht vorhergesehen. Und auch jene katholischen Sozialethiker hatten sie nicht vorgesehen, die noch vor wenigen Jahren den von *Marx* angenommenen Klassengegensatz von Arbeit und Kapital überwinden wollten. Etwa durch paritätische Mitbestimmung, die angeblich eine Forderung des Naturrechts sei. Oder durch eine „Demokratisierung" der Wirtschaft, die auf Sozialisierung hinauslief.

Den Gewerkschaften ist es bis heute nicht gelungen, diese neue Klasse in die vormalige „Arbeiterbewegung" aufzunehmen. Denn es handelt sich um eine kaum organisierbare, nur schwer in ein größeres Ganzes integrierbare Elite, die ihren eigenen Interessen und Gesetzen folgt. Und zuweilen gelingt es dieser Elite sogar, sich nicht von irgendwelchen Kapitalgebern vereinnahmen zu lassen, sondern umgekehrt: Sie nimmt sich das Kapital in ihren Dienst oder wird selber zum kapitalistischen Verwerter ihrer Ideen.

Die technologische Kompetenz hat also zu einer enormen Bedeutungsaufwertung des Faktors „Wissen" geführt, der neben die drei klassischen produktiven Faktoren, nämlich Boden, Kapital und Arbeit getreten ist. Was deren gegenseitige Zuordnung ganz erheblich erschwert. Aber dennoch wird man diese „Faktoren" nicht als bloße Sachen, sondern in ihren subjektbezogenen, d.h. menschlichen Dimensionen wahrnehmen müssen. Und da ist es die alle verbindende Gemeinsamkeit der Arbeit, von denen die „Faktoren" getragen und bestimmt werden. Was wäre der Boden, wenn er nicht bearbeitet, das Kapital, wenn es nicht klug bewirtschaftet, das Wissen, wenn es nicht durch geistige Arbeit erworben und verbessert würde?

Die Arbeit ist also der zentrale, der Angelbegriff des Wirtschaftens überhaupt. Und sie ist sogar eine der stabilsten Elemente des menschlichen Glücks. Von *Gottfried Benn* stammt der allzu ironisch klingende Vers: „Das Krächzen der Raben – ist auch ein Stück – dumm sein und Arbeit haben: das ist das Glück." Nun leben wir, anders als zu Zeiten *Benns,* in einer Epoche, in der sich eine literarische Elite nicht mehr über die Arbeit der vermeintlich dummen Proleten herablassend äußern kann. Diesem Proletariat ist inzwischen eine Intelligenzija entwachsen, welche die Arbeit von Literaten oder anderen sinn- und unsinnstiftenden Produzenten nicht besonders hoch einschätzt. Dennoch werden sich gerade auch Technokraten, die nicht ganz ihre gesellschaftliche und moralische Bodenhaftung verloren haben, mit ihrer eigenen Legitimationsbedingungen auseinandersetzen müssen.

Der technische Fortschritt hat uns vor allem ein Mehr an freier Zeit und verfügbarem Geld beschert. Die Arbeitszeit wurde in den vergangenen hundert Jahren halbiert, und seit fünfzig Jahren haben sich die Einkommen mehr als verdreifacht. Die neue Wertschätzung der Freiheitswerte ist also dadurch erklärbar, daß unsere Freiheitsräume und Wahlmöglichkeiten enorm erweitert worden sind, und zwar durch den technischen Produktivitätsfortschritt und durch die höhere Lebenserwartung der Menschen. Dadurch haben wir mehr Zeit und Geld zu unserer eigenen Verfügung gewonnen: Mehr Freizeit und weniger Berufstätigkeit als zwingende Lebensnotwendigkeit; mehr Geld und damit mehr Gestaltungsmöglichkeiten. Darauf hat uns vor allem *Hermann Lübbe* aufmerksam gemacht.

Der technische Fortschritt macht sich dergestalt bemerkbar, daß er gerade jene einfachen und stereotypen Arbeiten entbehrlich macht, die vielfach als unzumutbar gelten, und dabei Raum schafft für anspruchsvollere Tätigkeiten, die aber viele überfordern. Vor allem ältere Menschen und Frauen werden vom technischen Fortschritt überholt und bleiben als „Fußkranke" zurück. Einmal erworbene Berufskenntnisse sind leichtverderbliche Güter geworden, so daß die Bereitschaft zu ständiger Weiterbildung, zu geistiger und räumlichen Mobilität gefordert ist. Die Hochtechnisierung sämtlicher Arbeitsbereiche ist freilich weder wünschenswert noch möglich, z.B. in den Pflegeberufen, in der Seelsorge und Sozialarbeit. Immer drängender stellt sich aber die Frage, ob es auch für technische Legastheniker und Analphabeten noch genügend sinnvolle und bezahlbare Arbeiten gibt.

Dies vorausgesetzt, müßte man der individuellen Mündigkeit und Verantwortlichkeit der Mitarbeiter aber auch zutrauen und zumuten können, selber verstärkt über die Arbeitszeiten betrieblich mitentscheiden zu können. Flexible Arbeitszeiten und mehr Möglichkeiten zur Teilzeitarbeit sind sozialethische Forderungen, die angesichts der immer noch hohen Arbeitslosigkeit völlig berechtigt sind. Überdies entsprechen sie den Notwendigkeiten einer *familiengerechten* Arbeit (für erziehende Mütter und Väter), die der Verträglichkeit von Familienarbeit und Erwerbstätigkeit entgegenkommt. Daß diese Forderungen so schwer durchsetzbar sind, liegt wohl nicht nur an der Phantasielosigkeit von Managern und Eigentümern, sondern auch am Besitzstandsdenken der Arbeitsplatzbesitzer, die wenig Neigung verspüren, Arbeitszeit *und* Einkommen mit anderen zu teilen, die vor der Tür stehen.

Im christlichen Verständnis kann unter Arbeit nicht nur die Erwerbstätigkeit verstanden werden. Denn es gibt Formen einer höchst sinnvollen und gesellschaftlich notwendigen Arbeit, die nicht aufgrund eines Arbeits- oder Tauschvertrages mit einem materiellen Äquivalent entlohnt wird.

Dies ist der Fall bei der Familien- und Erziehungsarbeit, ohne die keine Gesellschaft überleben könnte. Wo bliebe des weiteren eine Zivilgesellschaft ohne die Vielfalt von Verbänden und Bewegungen, die hauptsächlich von ehrenamtlichen Mitarbeitern getragen werden? Was wäre das für eine Demokratie, wenn die Parteien keine aktiven Mitglieder mehr hätten, sondern nur noch von bezahlten Funktionären verwaltet würden? Was würde aus den Kirchen, wenn es keine Gläubigen gäbe, die um Gottes Lohn pastoral, liturgisch und sozial wirksam sind? Und wo bliebe unser Sozialstaat, wenn es keine freien Wohlfahrtsverbände und Selbsthilfegruppen gäbe, die ohne ehrenamtliches Engagement nicht auskommen?

Nun ist es leider so und auch kein Zufall, daß sich die genannten gesellschaftlichen Institutionen allesamt in einer Krise befinden, die vor allem in einem Mitgliederschwund zum Ausdruck kommt. Die Gründe dafür sind wenigstens teilweise im Wandel der Technik und der Wertvorstellungen zu finden, der dafür gesorgt haben mag, daß sich die Freizeit nicht nur auf Kosten der Arbeitszeit, sondern auch der Sozialzeit ausgedehnt hat.

Gegenwärtig zeigt sich die entgegengesetzte Tendenz, daß nämlich alle in die Erwerbstätigkeit drängen, dort die Arbeitszeiten verkürzen wollen, um dann die größere Freizeit zu genießen. Wenn dieser Trend anhält, könnte es sein, daß gerade die Sozialzeit zu einer Randerscheinung degeneriert.

Diese Tendenz zeigt sich in allen genannten Institutionen; sie macht sich auch dadurch unangenehm bemerkbar, daß das unentgeltliche Engagement immer mehr durch erwerbsmäßige Professionalität verdrängt wird. Es fehlt nur noch, daß man zur Gründung einer Familie ein Mutterdiplom und ein Vaterzertifikat vorweisen muß, um dann für die entsprechenden Leistungen entlohnt werden zu können. Ökonomen haben ausgerechnet, daß ein Kind an Sachkosten und Leistungsaufwendungen um die 250.000 Euro kostet, bevor es sich selber „trägt". Erschwerend hinzu kommen dann die Leistungen für die Pflegebedürftigen. Da kann man nur mit dem rheinischen Karnevalslied in die Frage einstimmen: Wer soll das bezahlen?

Diese Frage ist völlig berechtigt in einer materialistischen Zeit, die alles für käuflich hält – und die mit Geld gleichgesetzt wird („Zeit ist Geld"). In einer Zeit also, in der nicht nur die Arbeitszeit, sondern auch die Sozialzeit und Freizeit nach einem Kosten-Nutzen-Kalkül berechnet werden. In einer durch und durch ökonomisierten Gesellschaft gerät besonders die Familie unter die Räder des Kosten-Nutzen-Kalküls. Denn wenn die Kosten für die sogenannte „Reproduktion" oder die „Investition in Humankapital" lediglich von den Eltern aufgebracht werden, während die Gesellschaft insgesamt den Nutzen einstreicht, reagiert man kinderfeindlich.

Von dieser sozialpolitischen Logik der privatisierten Kosten und des sozialisierten Nutzens haben vor allem die kinderlosen Ehepaare, die ehelosen Kinderpaare und die Singles profitiert, während den kinderreichen Familien auch noch die Hauptlast der Altersversorgung aufgebürdet wurde.

Es leuchtet immer weniger ein, daß die Sozialzeit eine Domäne der Frauen und Rentner sein muß, während sich die erwerbstätigen Männer auf die Arbeitszeit konzentrieren. Ein skandalöser Luxus ist es, wenn Millionen Arbeitslose zur ewigen Freizeit verdammt werden. Wir dürfen es nicht zulassen, daß sich die Gesellschaft in drei Klassen spaltet, wonach die Mehrheit erwerbstätig arbeitet, die anderen ruhen – und der kleine Rest sich fürs Gemeinwesen abrackert. Verantwortlich leben wir, wenn wir uns für alle drei Bewährungsfelder genügend Zeit nehmen – und wenn wir auch anderen diese Chancen einräumen.

Eigentum verpflichtet – wozu?

„Du sollst nicht stehlen", dieses Siebte der Zehn Gebote ist eine ausdrückliche Bestätigung des Eigentumsrechts und unterstreicht, daß die für alle notwendige Eigentumsbildung anders als durch Diebstahl geschehen sollte. Eine übrigens sehr aktuelle Forderung, wenn man etwa den massenhaften Umfang der Kaufhausdiebstähle, der Raubkopien, der geklauten Doktortitel und der Versicherungsbetrügereien betrachtet. Aber auch hinsichtlich der wachsenden Korruption, die hauptsächlich ein Eigentumsdelikt darstellt, gewinnt das Gebot an Aktualität.

Daß möglichst viele Menschen Eigentum bilden sollten nicht nur an konsumierbaren Gütern, sondern auch an Produktivkapital und sogenanntem „Humankapital" (Bildung, Wissen), ist eine klassische Forderung der katholischen Soziallehre. Dieses Siebte wird im Zehnten Gebot noch verstärkt: „Du sollst nicht begehren deines nächsten Hab und Gut." Hier wird der Eigentumsschutz erheblich verschärft, indem bereits Gesinnungen und Absichten abgelehnt werden, die auf eine ungerechte Aneignung hinauslaufen.

Daß es keine echte Marktwirtschaft ohne Privateigentum geben kann, hat der Ruin des Realsozialismus deutlich genug bewiesen. Zu Zeiten der osteuropäischen Transformationsprozesse und der Globalisierung der Marktwirtschaft zeigt sich überdies, daß nur rechtlich gesicherte Eigentumsordnungen zu einer produktiv-dynamischen Wirtschaft führen können.

Die bedrängende Frage im weltweiten Wettbewerb ist aber: Wird sich überall ein schrankenloser Liberalkapitalismus durchsetzen – oder eine Marktwirtschaft, die noch sozial geordnet und ökologisch begrenzt ist? Und gibt es auch in unserer Gesellschaft eigentumsfeindliche Tendenzen der Sozialisierung? Entscheidend hängt die Antwort auf diese Ordnungsfrage vom Eigentumsverständnis ab – und von entsprechenden Rechtsordnungen. Schließlich steht und fällt mit

dieser Frage die Legitimationsbasis unternehmerisch verantwortlichen Handelns.

Biblisch verstanden

Beginnen wir mit dem biblischen Verständnis dieses Gebotes.
Es untersagt nicht nur die Verletzung fremden Sacheigentums,
sondern vor allem auch die Freiheitsberaubung oder Verskla-
vung der Mitmenschen. Hier zeigt sich bereits der enge Zusammenhang von persönlicher Freiheit und Eigentum. In biblischer
Frühzeit bestand das Eigentum der Nomaden vor allem aus Vieh.
Erst nach der Seßhaftwerdung wird auch der Boden Eigentum
von Familien oder Sippen. Dieses durch Besitznahme und Arbeit entstandene Eigentum galt zugleich als Ausweis göttlichen Segens. Allerdings blieb in dieser Sicht Gott, der Schöpfer
und Landgeber, auch Ureigentümer und oberster Lehensherr.
Darin lag eine starke Eigentumsgarantie, zugleich aber auch
eine gewisse Relativierung der Verabsolutierung von Privateigentum und seiner willkürlichen oder egoistischen Nutzung.
So verwundert es nicht, daß krasse Gegensätze zwischen Arm
und Reich als höchst problematisch erscheinen. So konnten
auch Eigentumskonflikte, die etwa mit der Bildung von Großgrundbesitz entstanden, zugleich zu religiösen Herausforde-
rungen heranwachsen. Schon im alten Israel gab es eine rechtliche Sozialbindung des Eigentums, darunter die Bestimmung,
in jedem fünfzigsten Jahr, dem „Jobeljahr", den in Notlagen
veräußerten Besitz von Grund und Boden dem ursprünglichen
Besitzer wieder zurückzugeben. Allerdings wurde dieses Gesetzt kaum eingehalten.

Den ungerechten Umgang mit dem Eigentum zu Lasten der
Armen hat vor allem die Sozialkritik der Propheten gegeißelt.
Daran mag man sich erinnern, wenn man sich die Kritik Papst
Pauls VI. an einer bestimmten Latifundienwirtschaft in La-
teinamerika vor Augen hält. In seiner Enzyklika „Populorum
progressio" von 1967 hat dieser Papst die Enteignung und

Aufteilung von ungenutztem Großgrundbesitz für notwendig und rechtmäßig erachtet, gerade weil er sich für das Privateigentum und seinen rechten Gebrauch einsetzte. Das setzt aber voraus, daß das Privateigentum nicht nur das Privileg von wenigen sein darf, sondern allen zugänglich gemacht werden soll, also breit gestreut werden muß.

Im Neuen Testament werden die Gesetze des Alten bekanntlich nicht aufgehoben, sondern in ein neues Licht gesetzt, auf eine höhere Ebene gehoben. Bekannt sind die radikalen Worte Jesu über die sittlichen und religiösen Gefahren des Reichtums, etwa der Ausspruch: „Eher geht ein Kamel durch ein Nadelöhr, als ein Reicher in das Himmelreich" (Mk 10,25). Aber nirgendwo fordert Jesus die Abschaffung der Institution des Privateigentums oder eine Neuordnung der Eigentumsverhältnisse. Vielmehr schärft er den Eigentümern, also den „Reichen", die Pflicht ein, für die Armen Sorge zu tragen. Umgekehrt zählen Diebstahl und Habgier zu den schweren Verfehlungen, wie vor allem *Paulus* im Ersten Korintherbrief betont.

Klosterkommunismus?

In der Apostelgeschichte jedoch kann man nachlesen, daß die Jerusalemer „Urgemeinde" eine Art „kommunistisches" Ideal zu verwirklichen suchte. Es heißt dort: „Und alle, die gläubig geworden waren, bildeten eine Gemeinschaft und hatten alles gemeinsam. Sie verkauften Hab und Gut und gaben davon allen, jedem soviel, wie er nötig hatte" (Apg 2,44f.; 4,32–35).
Diese Gemeinde lebte also in Gütergemeinschaft, d.h. sie kannte kein Privateigentum und war dabei anscheinend „ein Herz und eine Seele". Dieses Ideal einer besonders radikalen Nachfolge Jesu ist nur verständlich auf dem Hintergrund der damals vorherrschenden Naherwartung der unmittelbar bevorstehenden Wiederkunft Christi. Wer das Ende der bisherigen Welt sehnsüchtig erwartet, dem fällt es nicht schwer, sich von seinem Besitz als Ballast zu trennen und alles den Armen zu

schenken. Wenn aber die „Parusie" auf sich warten läßt, steht man dann selber arm da und ist auf die barmherzige Hilfe anderer angewiesen. Dies konnte also kein Modell für die gesamte Kirche werden und erst recht nicht für die gesamte Gesellschaft.

Das biblische Ideal freiwilliger Armut wurde dann aber vor allem von den Ordensgemeinschaften aufgegriffen, die es bis heute praktizieren (sollen). Dieses Modell einer kommunistischen Wirtschaftsordnung kann sich allerdings nur in kleinen, religiös aktiven Gemeinschaften bewähren, deren Mitglieder sich freiwillig dazu entschlossen haben. Die Kirche hat es aber nie auf die Gesamtgesellschaft übertragen, weil es schon in kleinen freiwilligen Glaubensgemeinschaften nicht problemlos funktioniert.

Vielmehr erkannte die Kirche immer deutlicher, daß das Eigentum in privater Verfügung einen unentbehrlichen Ordnungsfaktor im Wirtschaftsleben einer Gesellschaft darstellt. Das Privateigentum wurde nicht nur deshalb gerechtfertigt, weil man die erbsündenbedingte Habsucht des Menschen berücksichtigen mußte. Auch nicht nur wegen des Siebten und Zehnten Gebotes. Vielmehr machte man den positiven Ordnungssinn des Eigentums für eine verantwortliche und freiheitliche Wirtschaftsführung ausfindig.

Der heilige Thomas und das Fringsen

Es ist gewiß kein Zufall, daß der größte Theologe des Mittelalters, *Thomas von Aquin,* der persönlich als Dominikanermönch arm und kommunistisch lebte, eine Lehre zur Begründung des Privateigentums entworfen hat. Diese Lehre ist für die kirchliche Sozialverkündigung maßgebend geblieben – und hat sich überdies auf viele Staatsverfassungen normativ ausgewirkt, auch auf unser Grundgesetz. Diese Lehre läßt sich nach drei abgestuften Grundsätzen zusammenfassen:

Erster Grundsatz: die „Gemeinbestimmung" der Erdengüter. Er besagt, daß Gott die Erde mit allem, was sie enthält, für alle

Menschen und Generationen geschaffen hat, damit alle leben und ihre Bedürfnisse erfüllen können. Deshalb haben alle Menschen an den Gütern dieser Erde ein „ursprüngliches Nutzungsrecht". Damit ist zwar das prinzipielle Ziel jeglicher Eigentumsordnung schöpfungstheologisch angegeben, aber noch keine konkrete Eigentumsordnung vorgenommen. Immerhin jedoch läßt sich daraus bereits das Notrecht des „Mundraubs" rechtfertigen, wie es z. B. *Josef Kardinal Frings* nach dem Zweiten Weltkrieg für die Kölner Bürger interpretierte: Ihnen sei es, um im Winter nicht zu erfrieren, erlaubt, Briketts von den Güterzügen zu nehmen. Seitdem wird im Rheinland diese Praxis auch „fringsen" genannt und auf andere Güter übertragen. Womit, wie gesagt, kein Ordnungsmodell für die Aufteilung des Eigentums vorgegeben ist.

Der *zweite Grundsatz* lautet: Dem Prinzip der Gemeinbestimmung oder dem Gemeinwohl wird praktisch und erfahrungsgemäß am besten dadurch gedient, daß jeder einzelne bzw. seine Familie einen angemessen Anteil an den Gütern hat, d. h. wenn jedem einzelnen das Eigentum als persönliches Freiheits- und Verfügungsrecht zukommt. *Thomas von Aquin* nennt in diesem Zusammenhang drei bis heute aktuelle Gründe, die das Privateigentum als gemeinwohldienlich ausweisen:

„1. weil ein jeder mehr Sorge darauf verwendet, etwas zu beschaffen, was ihm allein gehört, als etwas, was allen oder vielen gehört; denn weil jeder die Arbeit scheut, überläßt er das, was die Gemeinschaft angeht, den anderen; wie das so vorkommt, wo viele Diener beisammen sind;

2. weil die menschlichen Angelegenheiten besser verwaltet werden, wenn jeder einzelne seine eigenen Sorgen hat in der Beschaffung irgendwelcher Dinge; es gäbe aber ein Durcheinander, wenn jeder ohne Unterschied für alles mögliche zu sorgen hätte;

3. weil auf diese Weise die friedliche Verfassung der Menschen besser gewahrt bleibt, wenn jeder mit seiner eigenen Sache zufrieden ist. Daher sehen wir, daß bei denen, die etwas gemeinsam und im Ganzen besitzen, häufiger Streitigkeiten

ausbrechen." Bei diesen Streitigkeiten erwähnt *Thomas von Aquin* das Murren der hart Arbeitenden gegen die Oberen, die Funktionäre eines kollektivistischen Systems, die sich einen guten Tag machen und sich den Hauptanteil am Ertrag sichern. Naheliegend dürfte die Annahme sein, daß *Thomas* dabei vor allem den klösterlichen Kommunismus im Blick hatte; jedenfalls hat er hier die Kritik am Realsozialismus antizipiert.

Der *dritte Grundsatz* der Eigentumsethik des heiligen *Thomas* lautet: Innerhalb einer privaten Eigentumsordnung, wo es um die eigenverantwortliche Bewirtschaftung und Verwaltung des Eigentums geht, kommt es auf die solidarische Nutzung seines Ertrags an. Hier wird wieder auf den ersten Grundsatz der Gemeinbestimmung zurückgegriffen. Die Nutzung des Privateigentums unterliegt der sozialmoralischen Verpflichtung, vom eigenen Ertragsüberfluß das Notwendige für die Notleidenden abzuzweigen.

Nun, aus dieser ursprünglich moralischen, d.h. freiwilligen Verpflichtung ist inzwischen eine rechtlich erzwingbare geworden, etwa in Form der progressiven Einkommenssteuer und anderer sozialer Hypotheken, die den Eigentümer belasten. Und zwar innerhalb eines säkularen Sozialstaates, der sich nicht mehr auf die glaubensgestützte Tugend der Solidarität seiner Bürger verlassen konnte. Freilich kann der Sozialstaat sich seine eigene produktive Freiheitsgrundlage entziehen, wenn er die erzwungene Solidarität allzu sehr strapaziert und die Sozialpflichtigkeit des Privateigentums überzieht.

Die soziale Bindung des Privateigentums darf nicht so festgezurrt werden, daß dadurch wieder die private Eigentumsbildung, die persönliche Initiative und Verantwortung stranguliert würden. Dies liefe auf den Freiheitsentzug und die Entmündigung der Gesellschaft hinaus. Die mangelnde Eigentumsbildung der Bürger verhindert die Entstehung einer bürgerlichen Verantwortungsgesellschaft. Ob aber der Sozialstaat die Eigentumsgarantie für kollektive Renten- und Pensionsansprüche einlösen kann, bleibt angesichts der exorbitant hohen Staatsverschuldung höchst ungewiß. Gerade die Krise des Sozialstaats beweist die Notwendigkeit privater Eigentumsbildung und Vorsorge.

Vermögensbildung

Wir leben schon lange in einer Gesellschaft mit beschränkter Haftung und Verantwortung. Bequemer als Arbeiten und Sparen ist das Konsumieren, vielleicht sogar auf Kosten anderer. Und wir würden lieber risikofrei mitentscheiden über das, was uns betrifft, als für eigene Fehlentscheidungen in Haftung genommen zu werden. Kurzum: ohne Verantwortung für das Eigentum, ohne Bindung an das Eigentum scheint es sich leichter und freier zu leben. Aber was ist das für eine Freiheit? Es ist im Extremfall die von *Janis Joplin* besungene Verantwortungslosigkeit, die nichts mehr zu verlieren hat: *Freedom is just another word for nothing left to loose*. Es ist die Freiheit, nachts unter Brücken zu schlafen und im Winter dort zu erfrieren.

Natürlich kann keiner dazu gezwungen werden, Eigentum zu erwerben. Man kann ja sein Geld aus dem Fenster werfen, ins Kloster gehen oder einer alternativen Kommune beitreten. Die christliche Tradition hat aber das Privateigentum, auch an Kapital, immer als ein Recht verteidigt, das nicht nur wenigen Privilegierten zukommen sollte. Die Gründe, die für eine Privateigentumsordnung sprechen, implizieren, daß möglichst alle am Eigentum teilhaben.

Die gemeinwohlgerechte Eigentums- und Vermögensordnung ist eine wichtige gesellschaftspolitische Aufgabe des Staates und seiner Rechtsordnung. Wenn im Wirtschaftsleben die persönliche Initiative Vorrang vor staatlichem Handeln hat, so ist es Aufgabe des Staates, im Sinne der Subsidiarität die Eigentumsordnung so zu gestalten, daß sie eine Zentralisierung und Monopolisierung der Vermögen verhindert. Schließlich setzt auch die Wahrnehmung des „Rechts auf unternehmerische Initiative", wie es die Enzyklika „Sollicitudo rei socialis"

(1987) Nr. 15 fordert, verantwortliche Eigentümer voraus und ist nicht nur Sache einer kleinen Elite.

Zum Grundanliegen der christlichen Sozialethik und ihres Menschenbildes gehört die Überwindung der Armut in ihren verschiedenen Formen. In einer marktwirtschaftlichen Industriegesellschaft stellt sich Armut nicht so sehr als ein Mangel an Konsummöglichkeiten dar, sondern als Mangel an Möglichkeiten der freien Selbstentfaltung und Eigenverantwortlichkeit.

Hieraus formt sich das Leitbild eines Bürgers, der zugleich auch verantwortlicher Mitgestalter, Mitunternehmer und Mitgesellschafter ist. Die Wahrnehmung dieser Verantwortung ist auf Zukunft ausgerichtet. Dies bedeutet allerdings auch einen gewissen Verzicht auf aktuellen Konsum, um Vorsorge für die Zukunft treffen zu können. Unter internationalen Wettbewerbsbedingungen wird sich das Sparen vor allem auf das Produktivkapital beziehen, um die Produktivität der Arbeit zu erhöhen und die eigene Zukunft und die der folgenden Generationen zu sichern.

Jedes Sparen ist allerdings mit dem Risiko des Verlustes verbunden, besonders das Geldsparen, dem Inflation droht. Hingegen hat sich gezeigt, daß das Eigentum an Grund und Boden immer noch relativ stabil gewesen ist und die Stabilität der Gesellschaft fördert. Das Risiko, dem das Produktivkapital ausgesetzt ist, liegt vor allem in der mangelnden aktuellen Kenntnis betriebs-, volks- und weltwirtschaftlicher Zusammenhänge. Hingegen kann man sich instinktiv darauf verlassen, daß Grund- und Wohnungseigentum einen längerfristigen Wertbestand bilden.

Die Zukunftssicherung wird hierzulande vor allem über die kollektiven sozialen Sicherungssysteme betrieben. Aber die Rentenversicherung beruht auf einem Generationenvertrag, der eine unsichere Zusage auf die Zukunft enthält. Wegen der negativen Bevölkerungsentwicklung wird die zukünftige Funktionsfähigkeit unserer Rentenversicherung zunehmend in Frage gestellt. Diese Sozialversicherung bewirkt eine aktuelle Einkommensverteilung, die abhängig von der jeweiligen Produktivität und Wirtschaftslage ist. Im Umlageverfahren findet ein Zwangssparen statt, ohne daß das Geld in Kapital für die Wirtschaft umgewandelt werden kann, weil es sofort konsumiert wird. Das „Sozialvermögen" ist lediglich ein Zahlungsversprechen für eine höchst ungesicherte Zukunft.

Die Beteiligung möglichst aller Bevölkerungsschichten an den Vermögen ist ein hohes gesellschafts-, wirtschafts- und sozialpolitisches Ziel, das sozialethisch legitimiert und gefordert ist. Eine solche Beteiligung dient der sozialen Gerechtigkeit und dem sozialen Frieden, weil sie durch eine bessere Verteilung der Einkommen (durch Mieten, Zinsen und Gewinne) künftige Verteilungskonflikte vermindert und überdies Kontrollrechte über den Einsatz von Boden und Kapital einräumt. Der Leistungsgerechtigkeit entspricht es, die notwendige Vermögensverteilung nach Maßgabe individueller Leistungsgewinne vorzunehmen, was zusätzliche staatliche Anreize nicht ausschließt.

Die Teilhabe möglichst aller Menschen an der Vermögensbildung ist eine sozialethische Forderung, die sich aus der christlichen Anthropologie begründen läßt. Vermögensbildung ist letztlich eine Frage der Würde und verantwortlichen Freiheit des Menschen. Hierin liegen starke Beweggründe, möglichst alle Bürger in die Verantwortung für die Produktivkräfte einer Gesellschaft mit einzubeziehen, indem sie Eigentum an Boden und Kapital, an Wissen und Arbeit gewinnen. Daran sollten sich Politiker, Arbeitgeber und Gewerkschaften erinnern. Ihnen ist aufgetragen, die Voraussetzungen zur Erreichung dieses Ziels zu schaffen. Hieraus formt sich das Leitbild eines mündigen Bürgers, der zugleich auch verantwortlicher Mitgestalter, Mitunternehmer und Mitgesellschafter ist.

Im Zeichen der Krise

Gierig sind die anderen

Die jüngste Finanzmarktkrise war nach Auskunft vieler Medien, die sich inzwischen als Moralvermittlungsagenturen betätigen, auf das Laster der Gier zurückzuführen. Dieses Laster wurde vor allem „den Bankern" zugeschrieben. Nun gut, bei den hohen Prämien und übrigen korruptiven „Anreizen" war es kein Wunder, daß sich Bankangestellte durch den Verkauf von windigen Derivaten und schwindelhaften Zertifikaten zu bereichern versuchten. Aber waren die Kunden, denen die Banken riesige Gewinne verhießen, nicht auch gierig?

Keiner gibt gerne seine eigene Gier zu, aber jeder unterstellt sie anderen. Sich als armes, ausgeplündertes Opfer der Geldgier anderer darzustellen, gehört zum Spiel einer Gier, die den erfolgreich Gierigen wegen seines Erfolges beneidet. Die Täter der Gier sind meist auch ihre Opfer. Es fragt sich nur: Was unterscheidet die Gier vom berechtigten Eigeninteresse?

Es sind vor allem Maßlosigkeit und Rücksichtslosigkeit, welche die Gier als Laster kennzeichnen, und die uns vom rechten Maß und Weg der Tugend wegführen. Die Gier nach materiellen Gütern und Vorteilen verführt uns auch dazu, die Grenzen dessen, was sich gehört und was gerecht ist, zu überschreiten. Dagegen schärft uns das Zehnte der Zehn Gebote ein: Du sollst nicht begehren deines Nächsten Gut: Zügle deine Begehrlichkeit. Halte deinen Egoismus im Zaum. Vermeide die Laster des Neides und Geizes.

Dieses Gebot verweist zunächst auf das Erste Gebot, in welchem der vergöttlichte „Mammon" abgewiesen wurde. Unser Verhältnis zu materiellen Gütern, besonders zum Geld, das ja symbolisch mehr bedeutet als bloßer Wertspeicher oder

Tauschmittel, bestimmt auch unser Verhältnis zu Gott. Denn wir können Gott nicht dienen und zugleich dem „Mammon" verfallen sein. Niemand kann zwei Herren dienen, sagt das Evangelium.

In das Kapitel von Habgier und Gewinnsucht fällt von jeher das Wetten und die Spielleidenschaft, auch wenn man schließlich nur Verluste einfährt. Das Glücksspiel wird zur Sucht, zur Versuchung, immer wieder das Schicksal herauszufordern und dabei immer höhere Einsätze zu riskieren. Auch unter den Unternehmern gibt es solche Vabanque-Spieler, die ihre eigene Existenz aufs Spiel setzen und dabei die Existenzen anderer gefährden. Wer hier nach Beispielen sucht, mag das Schicksal des „Neuen Marktes" ins Auge fassen.

Der „Neue Markt" sieht inzwischen sehr alt aus. Er erwies sich als überaus manipulationsanfällig und zog Leute an, die schnell reich werden wollten. Die an der Börse notierten Gesellschaften dieses Marktsegments waren sehr publizitätsfreudig und überschütten das staunende Publik mit verheißungsvollen Mitteilungen, die aber wenige kursrelevante Fakten enthielten, dafür aber knallige Werbung. Die Teilnehmer ließen sich durch die Ankündigungen hoher Gewinnerwartung blenden und wurden in die Irre geführt. Sie hatten keinen Überblick über die wirklich bedeutsamen Informationen.

Bei der Spekulation mit Aktien besteht Suchtgefahr. Der Nervenkitzel wird zur üblen Angewohnheit und bedarf immer stärkerer Reize. Der Börsenspieler ist einem Trinker vergleichbar, der erst beim *crash* aufhören kann. Er wird erst gebremst, wenn der schöne Schein auf das reale Sein zurückfällt.

Der Handel mit Aktien und anderen Wertpapieren ist immer mit Risiken verbunden, was die meisten Schüler, Lehrlinge, Studenten und Hausfrauen, die mit roten Ohren täglich die Börsenkurse verfolgen, erst noch lernen müßten. Schüler und Studenten, die ohne Arbeit über Nacht reich werden wollen und deshalb schlaflose Nächte verbringen, sind meist wenig motiviert, morgens zur harten Arbeit anzutreten. Besser wäre es wohl, sie investierten zunächst in ihr eigenes „Humankapital", bevor sie sich Sachkapital von Unternehmen aneignen, deren Beschaffenheit und Marktlage ihnen völlig fremd ist.

Die etwas prekäre Frage nach der Sündhaftigkeit der Börsenspekulation läßt sich nicht mit einem kurzen „Ja" oder „Nein" beantworten. Die Antwort hängt von den Umständen ab, von den Motiven und Zielen, Absichten und Folgen derjenigen, die an der Börse oder sonst wie spekulieren. Was alles in Gedanken, Worten und Werken Sünde sein *kann*, füllt ganze Bibliotheken der Moraltheologie und hat früher auch die Beichtstühle gefüllt. Aber welcher Aktionär käme auf die Idee, sein Interesse an steigenden Kursen und Dividenden als Sünde zu beichten?

Ist das Gewinninteresse nicht eine natürlich menschliche Angelegenheit, und ist es nicht auch *christlich* legitimiert – etwa durch die Aufforderung, man solle seinen Nächsten lieben *wie sich selbst*? Dies setzt ja gerade die Selbstliebe als Maßstab für die Nächstenliebe voraus.

Seit einigen Jahren wächst die Kritik an einem global unbeherrschten Kapitalismus, der immer mehr als Problem, nicht als Problemlöser wahrgenommen wird. Die Vorbehalte regen sich vor allem da, wo es an Wettbewerbs*fähigkeit* mangelt oder der *Zugang* zu den Märkten versperrt bleibt, also in weiten Teilen der „Dritten Welt". Wo die gesellschaftspolitischen Voraussetzungen zu einer funktionstüchtigen Marktwirtschaft fehlen, verflüchtigt sich auch die Einsicht in die *Legitimität des Eigeninteresses,* das zu Leistungen anregt, die allen zugute kommen. Die Produktivität der Marktwirtschaft liegt gerade darin, daß sie materielle Anreize zur allgemein erwünschten, dem Gemeinwohl nützlichen Leistung liefert.

In seinem Werk über den „Wohlstand der Nationen" prägte der Moralphilosoph *Adam Smith* den klassischen Ausspruch: „Nicht vom Wohlwollen des Metzgers, Brauers oder Bäckers erwarten wir das, was wir zum Essen brauchen, sondern davon, daß sie ihre eigenen Interessen wahrnehmen. Wir wenden uns nicht an ihre Menschen-, sondern an ihre Eigenliebe, und wir sprechen nicht von unseren Bedürfnissen, sondern ihrem Vorteil."

Mit dieser Auffassung kommt *Adam Smith* sehr nahe an *Thomas von Aquin* heran, der unter den drei bereits zitierten Gründen, die für das Privateigentum sprechen, zuerst folgenden aufführt: „Weil ein jeder mehr Sorge darauf verwendet, etwas zu beschaffen, was ihm allein gehört, als etwas, was allen oder vielen gehört; denn weil jeder die Arbeit scheut, überläßt er das, was die Gemeinschaft angeht, den anderen; wie das so vorkommt, wo viele Diener beisammen sind." Also ist es das Eigeninteresse, die persönliche Gewinnaussicht, die zur Leistung stimuliert. Darin liegt auch die hohe Produktivität der Marktwirtschaft, daß sie materielle Anreize zum moralisch wünschbaren, dem Gemeinwohl nützlichen Verhalten liefert. Gerade wenn das Privateigentum sozial gebunden ist, also dem Gemeinwohl zu dienen hat, muß es durch Anreize in diese Richtung gelenkt werden.

Dazu aber braucht die Marktwirtschaft einen Ordnungsrahmen. Vor allem auch deshalb, weil der Moralische nicht auch noch der Dumme sein soll. Und damit sich parasitäres Trittbrettfahren nicht lohnt.

Zunächst halten wir fest, daß die Rentabilität eines Unternehmens nicht moralisch zu bezweifeln ist, denn sie bildet die Voraussetzung für jedes unternehmerische Handeln und für die Funktionsfähigkeit der Marktwirtschaft. Wenn Manager eine *shareholder value*-Strategie verfolgen, um den Handelswert des Unternehmens zu steigern, ist das oft eine reine Notwendigkeit; außerdem immer noch besser, als wenn sich das Management auf Kosten der Eigentümer bereichert. Bei Fusionen gewinnt man jedoch öfters den peinlichen Eindruck, als ob es gerade die Manager seien, die sich selber am besten zu retten wissen und sich die Nasen vergolden lassen.

Wer aber nur auf das Wohl der Aktionäre starrt und die künftige Gewinnmaximierung im Blick hat, übersieht sehr leicht, daß es neben dem verzinslichen Kapital noch andere, viel bedeutendere Produktivfaktoren in einem Unternehmen gibt: nämlich das Humanvermögen in Form von Arbeit und Wissen. Ohne leistungsmotivierte und gut ausgebildete Mitarbeiter bringt auch noch so viel Sachkapital keine Früchte.

Der *shareholder* hat es immer mit Risikokapital zu tun, und zur Vermehrung desselben wachsen auch das Risiko und die Bereitschaft zu spekulieren. „Spekulation" ist hier ein mehrdeutiger Begriff. Moralisch zweifelhaft erscheint der Spekulant, der den Bezug zur realen Wirtschaft vermissen läßt und als habgieriger Hasardeur die Börse betritt wie einen Spielsalon. In einem positiven Sinn bedeutet Spekulation jedoch soviel wie kluge Berechnung, umsichtiges, vorsichtiges Handeln, Bedenken der mittel- und langfristigen Folgen. Diese Haltung setzt jedoch ein hohes Maß an ökonomischer Bildung und kühler Rationalität voraus – und eine Resistenz gegenüber massenpsychologisch auffälligen Kettenreaktionen von Angst, Hysterie und Euphorie. Dann erst hat man auch eine Risikoprämie „verdient".

Die moralisch zweifelhaften Vorgänge um die Finanzmarktkrise haben zu der Einsicht in die Notwendigkeit geführt, den Schutz der Anleger nun auch rechtlich zu verbessern. Finanzdienstleister und Vermittler bedürfen offensichtlich in dem Maße der Kontrolle, in dem sie das in sie gesetzte Vertrauen mißbrauchen.

Modell Las Vegas

Wer einmal – natürlich rein studienhalber – in Las Vegas war, wundert sich über die vielen Besucher in den wenigen Kirchen. Gerade die Verlierer, die sich plötzlich schämen, zur Mehrheit der Spieler zu gehören, finden sich dort ein. Sie sind des religiösen Trostes besonders bedürftig. Der sei ihnen christlich gewährt. Einige aber, die noch zu gewinnen hoffen, vollziehen magische Rituale, die nicht mehr christlich sind. Auch dann nicht, wenn man dabei das Versprechen ablegt, einen Teil des Gewinns für die Armen oder für die Kirche zu spenden. Diese Wette gilt nicht. Und Spielteufel sind eher ein Fall für den Exorzisten.

Daß in der Spielhölle kein Heil, kein gerechter Gewinn, erst recht kein dauerhafter „Wohlstand für alle" zu erwerben ist, diese alte Einsicht ist seit der grandiosen Spekulationspleite mit Derivaten und Zertifikaten erneut bestätigt worden. Da hilft kein Beten und Beschwören. Und wenn auch die treibenden Kräfte dieses Desasters einmal die Stärke zu einem öffentlichen *mea culpa* aufbrächten – sie ziehen es allerdings vor, in die Anonymität abzutauchen und so zu tun, als wäre nichts gewesen: Den vielen nicht ganz unschuldigen Opfern ist weder mit religiösem Trost noch mit Reue, noch mit guten moralischen Vorsätzen zu helfen. „Wetten, daß" auch die armen Opfer, gerade wenn sie durch ihre Wetten arm geworden sind, nicht von ihrer Spielleidenschaft lassen können? Viele warten schon ungeduldig darauf, auf die nächste Gelegenheit zu setzen, ohne Mühe und Arbeit ihr Glück zu finden.

Diesen Glücksrittern sollte der Weg zum Unglück abgeschnitten werden. Es wäre schon viel gewonnen, wenn die Ökonomen künftig auf die Analogie zu Las Vegas verzichten würden, also weniger von „Spielregeln" und von „Spielzügen" redeten. Als ob es sich bei der Wirtschaft um ein Spiel handelte. Auch die Analogie zum Sport, besonders zum Fußballspiel, das immerhin die *Leistung einer Mannschaft* zum Gegenstand hat – wobei Frauen bezeichnenderweise nicht gegen Männer antreten, ist deplaziert. Der spielerische, also zweckfreie Charakter des Fußballs wurde inzwischen völlig verdrängt durch die Professionalisierung von Hochleistungssportlern, die ein Spiel simulieren, das vorher durch „Einkäufe" abgekartet war. Fußballer werden Millionäre, Fußballclubs zu Aktiengesellschaften. Hier hat der Sport (zu seinem eigenen Nachteil) von der kapitalistischen Wirtschaft mehr gelernt als umgekehrt.

Die zitierte Analogie trifft vor allem deshalb nicht zu, weil es auf weltwirtschaftlicher Ebene keine Schieds- und Linienrichter gibt, die unfaires Verhalten zurückpfeifen oder mit Platzverweis belegen können. Einen Weltstaat, der rote oder gelbe Karten ziehen könnte, gibt es nicht – und sollte es auch nicht geben. Aber internationale Vereinbarungen, die den wirtschaftlichen Handel und Wandel rechtlich regeln, sind dringend erforderlich. Wenn die Akteure nicht von selber, aus Überzeugung und in Freiheit moralisch handeln, bleibt oft nichts anderes üb-rig, als mit rechtlich zwingenden Verboten und Kontrollen zu operieren. Wer das Vertrauen ruiniert hat, muß mit Kontrollen rechnen. Wer alles aufs Spiel gesetzt hat, soll nicht auf Kosten anderer den dicken Wilhelm markieren.

Wenn der Ernstfall eingetreten ist, werden alle Spielereien verdrängt. Es geht buchstäblich – besonders in den Entwick-lungsländern – um Leben und Tod. Da kann sich ein Wirtschafts-ethiker nicht auf materielle Anreizmechanismen zurückziehen, die ohnehin nicht mehr vom völlig verschuldeten Staat bezahl-bar sind. Und zur *corporate social responsibility* gehört jetzt nicht mehr die Unterstützung von Sport- und Spaßvereinen oder irgendein populäres *sponsoring,* sondern ganz elementar: die Bewahrung und Schaffung von Arbeitsmöglichkeiten.

So mancher Spieler, der nun an seinem Lebenssinn zu zwei-feln beginnt, sollte es mal mit ehrlicher Arbeit versuchen. Und mit Bildung, die heute ein wichtigeres Kapital darstellt als das Geld. Zur wahren Bildung gehört bekanntlich die Erfahrung der Wirklichkeit über Generationen hinweg. Die katholische Sozial-lehre ist so realitätserfahren, daß auf sie auch jene zurückgrei-fen können, die nicht besonders fromm und moralisch sind. Diese Tradition hat – gegen den Marxismus – die freiheitliche Verantwortung der einzelnen betont, indem sie das Privatei-gentum in sozialer Verpflichtung fixierte. Wir stehen keines-wegs „auf den Schultern von Karl Marx", wie *Oswald von Nell-Breuning* einst behauptete, um es später zu dementieren. *Marx* hat zwar den globalen Kapitalismus antizipierend analysiert, aber seine Therapievorschläge erwiesen sich als katastrophal.

Bleiben wir bei der katholischen Soziallehre. Sie hat die Würde, das Recht der Arbeit hervorgehoben, indem sie die Arbeitnehmer auch als Kapitaleigner ernst nahm. Sie ist es auch, die zur Erneuerung der sozialen Marktwirtschaft beitra-gen kann, und zwar international. Auf dem Spiel steht unsere Wirtschaftsordnung vor allem deshalb, weil sie in den Sog der globalen Spieler und Deregulierer geraten ist. Dem Idealtyp des *global player* entspricht ein moralfremder Kapitalismus, der mit sozialer Marktwirtschaft im ursprünglichen Sinne nichts zu tun hat.

Die katholische Soziallehre war nie eine reine Sozialstrukturenethik. Die päpstlichen Enzykliken haben die naturrechtlichen Sozialprinzipien, die den allgemeinen Ordnungsrahmen ausrichten sollen, immer mit moralischen Werten und Regeln verknüpft, die das Handeln der einzelnen Subjekte orientieren. Leitbilder wie die vom „ehrbaren Kaufmann", vom „vertrauenswürdigen Bankier", Begriffe wie Anstand, Tugend und moralische Glaubwürdigkeit zeichneten auch die soziale Marktwirtschaft aus und gehörten zu ihrem Erfolgsrezept. Ist das alles Vergangenheit? Gilt der Mensch nur als ein gewinnmaximierender Interessent – oder auch als arbeitendes Wesen, das anderen hilfreich ist?

Unternehmer unter Ganoven

Zum gesicherten Bestand der Ganovenehre gehört die Einsicht, daß gerade wegen der Knappheit moralischer Ressourcen diese besonders zu pflegen sind. Die Opfer werden natürlich nicht gefragt, sie sind eben die Verlierer. Aber unter Ganoven, die ihren Interessen rücksichtslos nachgehen, setzt sich irgendwann die Erkenntnis durch, daß sie langfristig nur dann zu den Gewinnern gehören, wenn sie ihre Interessenwahrnehmung einigermaßen zügeln. Ist der moralische Grenznutzen erreicht, wird es Zeit, sich auf neue Regeln und Sanktionen zu einigen. Kaum ein Tag vergeht, an dem nicht über neue Fälle von Korruption, Bilanzfälschung („kreative Buchführung"), Betrug, Vertragsbruch, Diebstahl etc. berichtet wird. „Vergammelte Speisen zu überhöhten Preisen sind zurückzuweisen", heißt es in einem lustigen, weil schwachsinnigen Schlagertext. Auf dem Podest der stets empörungsbereiten öffentlichen Aufmerksamkeit steht – neben Politikern – die Figur des Unternehmers (als Manager, Eigentümer und Arbeitgeber). Zunehmend verhärtet sich das Vorurteil, ein moralischer Unternehmer sei wie ein hölzernes Eisen, eine *contradictio in adjecto*. Dabei gerät er in den Schatten eines Ganoventums, das sich nicht einmal der entsprechenden Ehre rühmen darf.

Einem Unternehmer spricht man eher eine rücksichtslose, nicht von moralischen Skrupeln geplagte Persönlichkeit zu, eine Wolfsnatur, die sich im Dschungel des Wettbewerbs behaupten muß und deren vorherrschendes Organ der Ellenbogen ist. Auch das Erfolgsstreben nach Marktbeherrschung und die zunehmende Härte im globalen Wettbewerb zählen zum Repertoire der Kritik. Die Moralkritik ist zu einer gefährlichen Waffe geworden, mit der man Konkurrenten erledigen kann. Im Visier des Verdachtes, meist unmoralisch zu handeln, stehen „die da oben", die vermeintlich Reichen und Mächtigen. Daraus leiten „die da unten" die Berechtigung ab, es ihnen gleichzutun. Frei nach *Schiller:* Der brave Mann denkt an sich, selbst zuletzt. Hier sieht man, daß ein falsch gesetztes Komma den Sinn eines Satzes völlig verdrehen kann.

Die Moralkritik ist nicht nur negativ zu bewerten, denn sie bietet den Kritisierten die Chance, sich öffentlich zu rechtfertigen für das, was sie tun und lassen, nach welchen Wertmaßstäben sie sinnvoll handeln – innerhalb einer Wirtschaftsordnung, deren moralische und rechtliche Regeln sie selber mitbestimmen können. Mit der Ausflucht in die Ausdehnung und Verschärfung des Strafrechts ist es, wie wir sehen werden, nicht getan. Sie kommt allen teuer zu stehen. Billiger, d.h. gerechter wäre eine Besinnung auf die Zehn Gebote. Und auf die klassischen Tugenden. Diese gelten für Unternehmer wie für alle, die nicht als Ganoven gelten wollen.

Moral ist nicht immer gratis zu haben. Sie kostet oft Selbstüberwindung und Zeit, manchmal auch Geld. Sie ist ein Zeichen von Souveränität und Stärke und unterstreicht die Glaubwürdigkeit des Unternehmers. Diese Investition in das Vertrauenskapital eines Unternehmens zahlt sich – nicht zuletzt – in seinem wirtschaftlichen Erfolg aus. Das gilt besonders für das Phänomen der Korruption.

„Überall gibt es jeweils eigentümliche Weisen der Korruption durch Privatinteressen. Das stillschweigende Wissen aller Beteiligten läßt sie bestehen. Bei der Publizität eines Falls wird Lärm gemacht, der bald wieder aufhört in dem dunklen Bewußtsein, nur ein Symptom getroffen zu haben. Keiner übernimmt wahrhaft Verantwortung; man hat die Haltung, nicht allein entscheiden zu können. Instanzen, Kontrollen, Kommissionsbeschlüsse – einer schiebt es auf den anderen." Diese Sätze mögen uns seltsam vertraut vorkommen und auf unsere Gegenwart bezogen. Sie stammen aber aus dem Jahr 1931 und finden sich in der berühmten kleinen Schrift von *Karl Jaspers* über „Die geistige Situation der Zeit".

Ein übler Nachgeschmack von Weimar verdirbt einem auch in der „Berliner Republik" den Appetit, liefert immer neue Gründe für „Politikverdrossenheit" und ruft linke wie rechte Fanatiker auf den Plan, die sich als politische Saubermänner und -frauen aufspielen. Korruption betrifft alle politischen Parteien und viele Wirtschaftsunternehmen. Sie kommt also in den besten Familien vor, und gerade bei denen, die sich für etwas Besseres halten. Das hat schon etwas makaber Beruhigendes. Denn viele heuchlerischen, an die jeweiligen politischen Gegner oder wirtschaftlichen Konkurrenten gerichtete Korruptionsvorwürfe fallen auf die Urheber selber zurück. Hochmut kommt *vor* dem Fall. Dieser Rollenwechsel vom hochmütigen Ankläger zum gefallenen Angeklagten mag dann auch eine pädagogische Wirkung entfalten, die keine Moralpredigt erreicht.

Wie zu Zeiten *Jaspers* bildet auch heute das, was als Korruption bezeichnet und beklagt wird, nur *einen* Bestandteil dessen, was als Gesamtkrisenbild der Gegenwart wahrgenommen wird. Korruption erscheint dabei lediglich als Symptom einer tiefergreifenden und umfassenderen Krise, deren Wurzeln nicht an der Oberfläche offenliegen und ohne weiteres empirisch greifbar sind. Das *ceterum censeo* lautet zunächst: Wenn sich die religiöse Verankerung der allgemeinen Moral lockert, wird das Eigeninteresse oder der persönliche Nutzen zur moralischen Norm erhoben. Dann scheint alles käuflich zu sein, sogar parlamentarische Entscheidungen. Man darf sich nur nicht erwischen lassen.

Als wäre nichts gewesen

Die Fähigkeit, aus eigenen Fehlern zu lernen, war immer schon schwach ausgebildet. Und denen, die unfähig sind, überhaupt eigene Fehler wahrzunehmen und zu bedauern, ist die Lernfähigkeit völlig abhanden gekommen. Meist starren sie auf anderer Leute Fehler. Es sind ja immer die anderen, die angefangen und sich schuldig gemacht haben. Diese Unschuldsvermutung zu eigenen Gunsten hat einen großen Vorteil: Sie läßt uns als arme Opfer böser Machenschaften erscheinen und sichert uns das Mitleid der anderen.

Überdies können wir so tun, als wäre nichts gewesen. Aus der kapitalen Finanz- und Wirtschaftskrise haben wir vielleicht deshalb so gut wie nichts gelernt, weil sie uns noch nicht verschlungen hat. An die vielen kleinen Krisen haben wir uns längst gewöhnt. Die täglichen Skandal- und Horrormeldungen der Medien haben uns nicht etwa hellhörig und dünnhäutig werden lassen. Vielmehr ließen wir uns eine dicke Hornhaut wachsen, unter deren Schutz es sich einstweilen ganz gut weiterleben läßt. Wie ja auch der Schutzschirm, den der Staat fürsorglich über seine Bürger hält, uns die Sicht auf eine bedrohliche Zukunft versperrt.

Auch aus der Vergangenheit scheinen wir nicht klug werden zu wollen. Weit verbreitete Geschichtsverdrängung und Traditionsvergessenheit hindern uns daran, im Rückblick auf die deutschen Staatsbankrotte des 20. Jahrhunderts Lehren für die Gegenwart zu ziehen. Geschichtsbücher enthalten freilich keine Gebrauchsanweisungen für aktuelle ökonomische Problemlösungen, und man müßte schon weit in die Geschichte zurückgreifen (bis hin zu den alten Römern), um die heutige Krise nicht nur als Wirtschafts-, sondern vor allem als Kulturkrise zu begreifen.

Um den großen Kladderadatsch abzuwenden, wurden Abwrackprämien, Subventionen und andere schuldenfinanzierte „Wachstumsimpulse" in Gang gesetzt, ohne zu wissen, ob dieser Gang noch schneller in den Niedergang führt. Und während man sich darüber streitet, ob wir es mit einem Markt- oder einem Staatsversagen zu tun haben oder mit beiden zugleich, verdrängt die schwarzgelbe Koalition vor lauter Wachstumsbeschwörung die Ordnungslinien der sozialen Marktwirtschaft. Immerhin hatten die Ordnungshüter des „Rheinischen Kapitalismus", wie man die soziale Marktwirtschaft gerne nannte, nicht nur ein politisch-ökonomisches System in ihrem Programm, sondern verbanden dies mit gesellschaftlichen Moralerfordernissen.

Damals war es unter Politikern und Ökonomen noch nicht verpönt, an die klassischen Tugenden („Maßhalten") oder gar die Zehn Gebote („Du sollst nicht begehren") zu erinnern und nach den moralischen Qualitäten des Wachstums zu fragen. Aber mit der globalen Krise wurden diese Moralfragen zum Entsetzen der Systemfetischisten erneut aufgegriffen und öffentlich diskutiert. Daß wir es mit einem großen Moralversagen zu tun haben, darauf deuten die öffentlichen Klagen über den Mangel an Glaubwürdigkeit, Vertrauen und Verantwortung hin. Jedoch scheint die große Moralnachfrage nicht auf entsprechende Angebote zu stoßen. Und vielleicht sind Zeiten der Wirtschaftkrise eben doch keine Hochzeiten für freiwilliges moralisches Verhalten der einzelnen Subjekte. Diese scheinen eher auf erzwingbare Rechtsvorschriften zu warten und provozieren sie durch den Verzicht auf persönliche Verantwortung.

Von *Lloyd C. Blankfein,* dem Vorstandsvorsitzenden von Goldman Sachs, wird kurz nach der Bankenkrise ein merkwürdiger Ausspruch überliefert: „Ich bin nur ein Banker, der Gottes Werk verrichtet." So bescheiden dieser Satz klingt, er hat inzwischen Flügel bekommen und verdient es, in eine Zitatensammlung vermessener Ansprüche aufgenommen zu werden. Die hohen Gewinne und Bonuszahlungen, die die

New Yorker Investmentbank trotz der Krise inzwischen wieder produziert, wurden von *Blankfein* nicht nur als Zeichen für den Aufschwung der US-Wirtschaft gedeutet, was immer noch fragwürdig bleibt. Sondern sie sollen auch noch Ausweis göttlicher Gnade sein. Das geht entschieden zu weit und grenzt an eine Blasphemie, die sogar einem Calvinisten übel aufstößt.

Was hat Gott mit dem amerikanischen Bankensystem zu tun, das dank der reichlichen Gnade des Staates gerade noch überlebte? Seit wann sind speziell die Banker von Goldmann Sachs Vollstrecker des göttlichen Willens? Banken wie die von der Wall Street mögen eine notwendige ökonomische Aufgabe erfüllen, wenn sie sich innerhalb einer noch zu entfaltenden Ordnung des Gemeinwohls bewegen. Aber Goldmann Sachs wäre ohne Staatshilfe über die eigene Gier gestrauchelt. Jetzt spielt sich diese Bank als Gewinner der Finanzkrise auf, aus der sie nichts gelernt hat. Sie garniert sich mit etwas Wohltätigkeit und nennt das *corporate social responsibility*.

So sehr ich die Amerikaner in ihrer religiösen Bekenntnisfreude schätze, von der deutsche Unternehmer einiges lernen könnten: Ohne religiös gefestigte Moral, die prinzipiell für alle gilt, entsteht auf Dauer keine Glaubwürdigkeit, kein Vertrauen. Aber man möge doch bitte den lieben Gott aus dem Spiel lassen, wenn es um den zweifelhaften Erfolg kurzfristiger Gewinne geht. Und man möge doch bitte nicht den lieben Gott mit dem Goldenen Kalb verwechseln. Wer sich auf Gott beruft, sollte stattdessen folgende Fragen in Erwägung ziehen: Wie können wir die Güte Gottes durch eigenes Verhalten quittieren? Sollten wir nicht für eigenes Fehlverhalten geradestehen? Folgt aus unserer Erlösungsbedürftigkeit nicht die Demut gegenüber Gott und den Mitmenschen? Wie können wir vor Gott bestehen – und wie können wir ihm dienen, ohne uns seiner zu bedienen?

Die letzte Frage berührt unsere Verantwortung für die Zukunft und die Folgen unseres Handelns. Dabei mag man an *Max Webers* Verantwortungsethik denken, die aber zu kurz greift.

Weit besser ist der schöne Satz von *John M. Keynes:* „Langfristig sind wir alle tot." Es soll Zeiten gegeben haben, da
erzitterten die Machthaber vor dem Ruf der Gläubigen: „Es ist
dir nicht erlaubt! Du wirst einmal Rechenschaft abgeben müssen vor Gott." Wenn man so lebt, als gäbe es kein göttliches
Gericht, ist es um die langfristige Verantwortung geschehen.

Seniorenrepublik Deutschland

Ein nationaler Rekord ist zu vermelden, um den uns die auslän-
dische Konkurrenz gewiß nicht beneidet. In der demographischen Statistik ist Deutschland hinsichtlich der Schrumpfung
und Alterung seiner Bevölkerung weltweit an die Spitze ge-
rückt. Das hat uns – neben den anderen unaufhörlichen Malai-
sen und angestauten Defiziten – gerade noch gefehlt. Das war
ja noch nie da. Womit haben wir das verdient? Und wo soll das
hinführen?

Irreführend wäre es, eine Antwort ausgerechnet von jenen zu
erwarten, die die Bevölkerungsfrage seit Jahrzehnten erfolgreich verdrängt haben. Und deren Vorstellungskraft bis heute
nicht ausreicht, den Zusammenhang zu erkennen, den das ge-
nerative Verhalten mit Produktivität, Innovation, Arbeitsvolu-
men, Wachstum des Sozialprodukts, Rentenerwartung, Krank-
heitskosten, Staatsverschuldung etc. bildet. Daß diese Gesellschaft in ihrem Kern, also in ihren Familien, ziemlich morsch
ist, mögen viele inzwischen am eigenen Leib erfahren. Aber
die meisten Mitglieder und Repräsentanten der Seniorenrepu-
blik scheinen immer noch nicht begriffen zu haben, daß sie in
Deutschland auf einem absterbenden Ast sitzen, an dem sie
auch noch kräftig sägen.

Es ist zum Auswandern, sagen sich inzwischen viele jugendliche, leistungs- und risikobereite Sonderlinge, die der verhät-
schelten Wohlstandsgesellschaft den Rücken kehren, weil sie in
ihr keine glückliche Zukunft mehr sehen. Umgekehrt erweisen

sich unsere *greencard*-Angebote für die technische Intelligenz aus den Entwicklungsländern als großer Flop. Was uns hingegen droht, ist eine massenhafte Einwanderung, die weder demographisch noch ökonomisch eine nennenswerte Entlastung bietet, dafür aber neue Probleme beschert.

Naheliegend wäre es in diesem Zusammenhang, der Frage nach einem konsequenten Leistungsausgleich und nach der Gleichberechtigung für die Familienarbeit nachzugehen. Doch die Gesellschaft scheint nicht an selbstkritischer Analyse interessiert zu sein, und die öffentliche Diskussion widmet sich eher den vordergründigen Fragen von Rentenreform und Einwanderung, statt sozialpolitische Gerechtigkeitsfragen zugunsten der Familien zu erörtern. Aber das demographische Problem drängt darauf, auch unter familienpolitischen Aspekten diskutiert zu werden.

„Dem deutschen Volk", dem unsere Berliner Volksvertretung gewidmet ist, blüht nach demographischen Prognosen das rapide Aussterben. Und „Der deutschen Bevölkerung", die nach einem künstlerischen Entwurf an die Stelle des Volkes treten soll, scheint nur noch durch massenhafte Einwanderung zu helfen zu sein: zur Aufjüngung des überalterten und verschuldeten Sozialstaats und zur Auffüllung der leerstehenden Strukturen. Wenn sich hierzulande der Anteil der Jüngeren halbiert und der der Älteren verdoppelt haben wird, werden wir mit wachsenden Generationenrivalitäten und sozialen Verteilungskämpfen zu rechnen haben, auch mit ethnischen Konflikten und religiösen Streitigkeiten, auf die wir nicht vorbereitet sind.

Einstweilen leben wir noch in der Illusion, die fehlende „Reproduktion" durch Importe aus allen möglichen Ländern ausgleichen zu können, denen wir großzügig, d. h. aus Eigeninteresse, die Einwanderung gewähren, insoweit es sich um Facharbeiter und Computerspezialisten handelt. Später wird sich zeigen, wie sehr wir auch im Handwerk und in den Dienstleistungen auf produktive Zuzügler angewiesen sind, die unseren Lebensstandard retten und unsere Alten pflegen.

Dabei wird kaum wahrgenommen, daß wir uns einen Lebensstil leisten, den wir uns nur leisten können, wenn es andere gibt, die ihn sich nicht leisten können. Denn unsere (post-) moderne emanzipatorische Kultur setzt die Existenz anderer Kulturen voraus, die noch so altmodisch sind, genügend Kinder in die Welt zu setzen, sie aufwendig aufzuziehen und kostspielig auszubilden, und zwar auch für Fremde, die den besonderen Nutzen ohne Kompensation der Kosten einstreichen wollen, indem sie die jungen Eliten abschöpfen. Hier scheint eine neue Form der Ausbeutung der „dritten" und der „zweiten" durch eben jene „erste" Welt vorzuliegen, deren moralische Maßstäbe nicht universalisierbar und von reziproker Geltung sein können.

Demographen sind zukunftsgerichtete Historiker, denen die geschichtliche Analogie fehlt, und die in der Gegenwart deswegen so schlecht ankommen, weil sie ihr gravierende Änderungen abverlangen. Die neuen Unheilspropheten der Demographie schreiben die Vergangenheit fort, indem sie mit den Mitteln der Statistik die Entwicklungslinien in eine Zukunft ziehen, von der wir nur noch hoffen können, daß sie nicht eintritt. Die Hoffnung auf günstige Umstände, die die massive Alterung noch hätte abwenden oder abschwächen können, erweist sich als Illusion, die typisch für das fortgeschrittene Alter der Gesellschaft ist. Eine weitere Alterserscheinung zeigte sich in der Trägheit, die nicht nur ein Merkmal der Bevölkerungsentwicklung, sondern vor allem der Familienpolitik ist, mit der man ihr rechzeitig noch hätte entgegenwirken können.

Vergreisende Gesellschaften erkennt man auch daran, daß sie sich durch nichts mehr provozieren lassen – es sei denn durch das unmittelbare Erlebnis schwindender Rentenbezüge. Im Gleichklang aber über „Rentenlüge" zu klagen, käme einer moralisierenden Übertreibung gleich. Eher handelt es sich um die altersbedingte Sehschwäche und Schwerhörigkeit von Politikern und Wählern, die die demographischen Signale schon vor einigen Jahrzehnten nicht wahrnehmen konnten. Oder nicht wahrhaben wollten? Damals schon warteten die demographischen Schwarzseher mit unangenehmen Zahlen auf. Und es erschienen Schriften mit schrillen Titeln wie „Altenheim Bundesrepublik" und „Raum ohne Volk", die aber den weltfrommen Choral des „positiven Denkens" kaum störten.

Man hätte es also wissen können. Die es haben kommen sehen, galten damals als konservative katholische Querulanten, die an dogmatische Tabus rührten. Familienpolitikern hielt man die Bevölkerungspolitik der Nazis samt Mutterkreuz entgegen. Und als streng verpönt gilt bis heute die erneute Problematisierung von Pille und Abtreibung. Der zynische Ausdruck „Anti-Baby-Pille" sagt eigentlich schon alles über die damals (und immer noch) vorherrschende Mentalität. Heute sind „Anti-Aging-Programme", Kongresse über „Demographie und gesellschaftlicher Wandel" und Pillen gegen Alzheimer besonders aktuell. Aber „glücklich ist, wer vergißt, was doch nicht zu ändern ist".

Entsprechend operettenhaft und gespenstisch ist das Getue in den feudalen Seniorenresidenzen, für die sich ehemalige Priesterseminare und ausgediente Klöster besonders gut eignen. Diese künstlich aufgeklebte Jugendlichkeit, dieses kindische Gebaren von Greisen, die sich als Jugendliche verkleiden und in papageienfarbenen Joggingkostümen zum *wellness event* humpeln. Das alles muß auf wahre Jugendliche provozierend wirken, weshalb man sie gelegentlich tiefschwarz mit Glatze oder in Sack&Asche herumlaufen sieht. Überall bemerkt man verzweifelte Versuche, wenigstens individuell den Lauf der Dinge umzukehren und die natürlichen Lasten des Alters abzuschütteln. Und gute Mienen zum bösen Vorspiel der Euthanasie als *dernier cri*.

Die betagte Gesellschaft will ihren Spaß haben, ist aber des Kämpfens müde und der Risiken überdrüssig. Nicht gerade die besten Voraussetzungen für eine innovative Marktwirtschaft, die sich der internationalen Konkurrenz zu stellen hat. Wir sind auf dem Weg zu einem Rentenkapitalismus, der den eigenen Standort verleugnet und vorrangig in junge Volkswirtschaften investiert, die dynamische Wachstumsraten erwarten lassen. Auch politisch wird sich die negative Bevölkerungsentwicklung nicht positiv auswirken. Die strukturelle Mehrheit der Älteren läßt die Demokratie zur besitzkonservativen Gerontokratie gerinnen, die die Konflikte scheut und sie darum nicht meistern kann: den alten Kampf zwischen Arbeit und Kapital, die neueren Klassenkämpfe zwischen den Geschlechtern und den religiösen Kulturen – und den neuesten zwischen den Generationen.

Das große Verhängnis, was hält es auf? Die Kirchen in Europa etwa? Sie haben das Schicksal der Schrumpfung und Alterung bereits antizipiert. Das Volk Gottes ist bei uns derart ausgedünnt und in Resignation versunken, daß man nur froh sein kann, einer Weltkirche anzugehören, die ihre jungen Missionare entsenden wird. Aber nur durch die Familien, aus denen sich auch der kirchliche Nachwuchs rekrutiert, ist eine Regeneration der Gesellschaft möglich. Das *memento mori* und die *ars moriendi* beflügelten früher die Hoffnung der Christen auf die Auferstehung. Man muß erst die Passion erleiden, um das Leben zu gewinnen.

Unheilbar gesund

„Gesundheit ist das höchste Gut" – anstelle Gottes, der früher einmal als *summum bonum,* als das höchste Gut verherrlicht wurde. Heute muß Gott, um anerkannt zu werden, der Gesundheit dienen und die Religion therapeutischen Zwecken. Heilung statt Heiligung steht auf dem theologischen Programm. Wer sich mit „Wie geht's?" nach dem Wohlbefinden des Mitmenschen erkundigt, erwartet eine positive Antwort, die beileibe nicht auf die Sinnfrage zielt. Denn Fragen nach dem Woher und Wohin des Lebens oder nach dem Einklang mit Gott und Gewissen gelten als rein privat und indiskret. Und das in einer Gesellschaft, die sonst jedes Tabu spaßeshalber durchlöchert und sich anschickt, die Restbestände von Privatheit, Diskretion und Scham der Tyrannei öffentlicher Neugier zu unterwerfen. Daneben die Abstrusitäten einer neuen Körperkultur aus Muskeln, Schweiß und glatter Haut. Jogger, die dem Traum der ewigen Jugend nachlaufen, werden früher oder später vom Herzinfarkt eingeholt. Und *bodybuilding* ist der schlagende Beweis gegen den Satz vom gesunden Geist im gesunden Körper. Die überzogene Sorge um die eigene Gesundheit macht einen ganz krank und ökopathologisch. Es soll schon Leute geben, die an einem hartnäckigen Nichtraucherhusten leiden.

Im Kult physisch-psychischer Gesundheit wird der Mangel an geistig-moralischer Gesundheit als besondere Ich-Stärke empfunden, die freilich der lebensbegleitenden psychotherapeutischen Stütze bedarf. Das soll man sich auch was kosten lassen, denn das höchste Gut ist nicht billig zu haben. Auf die repräsentative *Allensbach*-Umfrage nach den Berufen, „vor denen Sie am meisten Achtung haben", nannten 81 Prozent der Befragten: Ärzte. Sie stehen im Ansehen bedeutend höher als Rechtsanwälte und Geistliche. Also sollen die Krankenkassen auch weit mehr bekommen als Justiz und Kirchen zusammengenommen. Und wie sich die Bilder gleichen: Ärzte als Hohepriester eines sakralen Gesundheitskults, als Repräsentanten des höchsten Gesundheitswesens. Bei der Visite im Krankenhaus erscheinen sie in hierarchisch geordneter Prozession und murmeln Lateinisch, es fehlt nur noch Weihrauch. Sie sind Anwälte der Gesundheit, nicht unbedingt des Lebens.

Bei soviel Gesundheitsbewußtsein wundert es nicht, daß der Mangel an Gesundheit zunehmen muß. Mit der Zahl der Ärzte wächst die der Kranken, und mit den Krankenhausbetten die Zahl derer, die hinein- oder hereingelegt werden. Der Fortschritt läuft atemlos hinter immer neuen Krankheiten her, die er bei der Bekämpfung der alten selber geschaffen hat oder die im Gefolge progressiver Moral auftreten. Diesem Fortschritt gelang auch das Kunststück, Schwangerschaft als Krankheit auszugeben, von der man durch Abtreibungspillen geheilt werden kann, was von den Sozialämtern – also mit staatlichen Steuergeldern – zu bezahlen ist. Spätestens hier zieht – wie schon bei Aids – die Erinnerung auf, daß Krankheiten wie Medikamente mit moralischer Schuld zusammenhängen können.

Etwa mit der Maximierung einer Lebenslust, die über Leichen geht.

Die Zehn Gebote enthalten die Verheißung: Auf daß es dir wohlergehe und du lange lebst auf Erden. Aber wozu ein langes Leben, wenn es keinen transzendenten Sinn mehr hat? Es willkürlich zu beenden, wenn es nicht mehr als „lebenswert" gilt, ist die Kehrseite jener fixen Idee, die das ewige Leben im Diesseits finden will. Euthanasie als Instrument zur Sanierung des finanziell überforderten Renten- und Gesundheitssystems ist nur noch eine Frage der Zeit. In einer Gesellschaft nämlich, die immer älter, aber dabei nicht gesünder wird, läßt der Gesundheitsmarkt, der eher eine Zentralverwaltungswirtschaft ist, zwar gewaltige Zuwachsraten erwarten, aber ebenso nimmt die Bereitschaft ab, für die Kosten aufzukommen. Kurzum: Unser Gesundheitswesen verfällt immer mehr dem Siechtum von gesetzlichen Krankenkassen, deren Gesetz die Privatisierung des Nutzens und die Sozialisierung der Kosten gebietet.

Schon die Knappheit der materiellen Ressourcen und der öffentlichen wie privaten Finanzen läßt es freilich nicht zu, die tendenziell unersättliche Gesundheitsgier zu befriedigen. Zur Rettung des kollektiven Systems fällt einem, der ökonomisch kalkulieren kann, einstweilen nicht viel mehr ein als Anreize dafür zu erfinden, es *nicht* oder nur sehr sparsam in Anspruch zu nehmen: durch individuelle Selbstbeteiligung und Beitragsermäßigung, durch Kostentransparenz und Konkurrenz. Solche Maßnahmen werden nicht nur auf die Kosten, sondern auch auf die Begehrlichkeiten, möglichst ewig und dabei gesund zu leben, dämpfend wirken. Die Budgetierung hingegen „deckelt" die persönliche Verantwortung, die jeder für seine eigene Gesundheit wahrzunehmen hat, und nährt die Illusion einer kollektiven Volksgesundheit auf immer höherem Niveau.

Das Verhältnis der medizinischen Grundversorgung zur Privatvorsorge läßt sich am ehesten subsidiär bestimmen. Soll doch jeder, der es kann, selber entscheiden, wieviel er in die Verlängerung seines Lebens investieren will. Wem ein immer längeres und langweiligeres Leben nicht unbedingt erstrebenswert erscheint, setzt vielleicht auf ganz andere und höhere Werte als die der Gesundheit. Wer hingegen vom Verheißungs- glanz moderner Medizin erfüllt ist, mag das „Humangenom- projekt" für eine gute Kapitalanlage halten, wenngleich erst seine optimierten Kinder oder deren geklonte Zwillinge das zweifelhafte Privileg besitzen werden, hundertzwanzig Jahre alt werden zu müssen.

Wohin steuert die soziale Marktwirtschaft?

„Der deutsche Staat hat zur Stunde das Recht, das Sondereigentum durch geeignete Zwangsmaßnahmen so weit in Gemeineigentum zu verwandeln, als sein eigenes Dasein und seine innenpolitische Ordnung mit dieser Wandlung stehen und fallen." Diese Aussage klingt sehr dramatisch nach Staatssozialismus, scheint sehr aktuell zu sein und würde heute gewiß auf weite Zustimmung stoßen, nicht nur bei den „Linken".

Allerdings ist der eben zitierte Ausspruch ein Zitat aus der Schrift „Was nun?", die *Eberhard Welty* 1945 in einer extremen Notsituation verfaßte. Nach der Katastrophe des Dritten Reichs hatte der Dominikaner und Sozialethiker *Welty,* der sich im Widerstand gegen das Naziregime bewährte, eine Broschüre veröffentlicht, die zur programmatischen Grundlage der CDU werden sollte. Allerdings nur bis zum Ahlener Programm von 1947.

Staat und Markt

Aber schon 1948, mit der Währungsreform und der Aufhebung staatlicher Preiskontrollen, löste sich die Wirtschaft aus staatlicher Bevormundung und bloßer Mangelverwaltung. Und mit der 1949 vollzogenen programmatischen Wende zu den Düsseldorfer Leitsätzen bewies die *Adenauer*-CDU eine ungeahnte pragmatische Lernfähigkeit. Ihre Öffnung für wirtschaftsliberale Positionen, wie sie von der protestantisch dominierten „Freiburger Schule" der Ordoliberalen vorgezeichnet und von *Ludwig Erhard* praktiziert wurden, brachte die Partei allerdings in Erklärungsnöte: Wie ließ sich das neue Konzept der sozialen Marktwirtschaft mit der katholischen Soziallehre vereinbaren? Zunächst ganz einfach: Durch die überaus erfolgreiche Wirtschaftspolitik *Ludwig Erhards*. Ihm gaben der Erfolg, die öffentliche Zustimmung und schließlich auch die CDU-Sozialausschüsse Recht. Die *Erhard*-Parole „Wohlstand für alle" bewahrheitete sich so nachdrücklich, daß man von einem „Wirtschaftswunder" sprach. Als ob die von *Adam Smith* beschworene „unsichtbare Hand" des Marktes schicksalhaft eingegriffen hätte.

Was auf politisch-pragmatischer Ebene gelang, nämlich die Versöhnung zwischen Marktliberalen und den Anhängern staatlicher Wirtschaftsintervention, bot freilich ein nachhaltiges Problem für eine widerspruchsfreie Theorie als schlüssige Antwort auf die klassische Herausforderung: Wie läßt sich ökonomische Freiheit zugleich begründen und begrenzen? Wie läßt sich die Freiheit aller Marktteilnehmer rechtlich integrieren in eine *gesellschaftspolitisch* vorzugebende Wettbewerbsordnung und in einen *sozialpolitisch* nachgeordneten Ausgleich gerechter Verteilung? Und welche übergeordnete Rolle kommt dabei dem Staat zu als Hüter des Gemeinwohls, um dessentwillen er überhaupt existiert?

Beschränkt sich der Staat auf eine bloße Rahmenordnungskompetenz – oder darf er durch Verstaatlichung, Vergesellschaftung, industriepolitische Planungsvorgaben, Subventionen oder sonstige Interventionen in wirtschaftliche Belange eingreifen? Und gerät er dabei nicht in Konflikt mit dem Privateigentumsrecht, das seit *Leo XIII.* für Katholiken als Naturrecht gilt und auch im Grundgesetz von 1949 in diesem Sinne verankert wurde, sozial gebunden freilich an die Verpflichtung der Gemeinwohlverantwortung?

Wer trägt die Verantwortung?

Schon diese Fragen werfen mehr Probleme auf, als unter den gegebenen Umständen gelöst werden konnten. Aus der Perspektive der katholischen Soziallehre läßt sich die Frage nach dem „Wieviel" des Staates, das die Marktwirtschaft heute braucht, ohnehin nicht in einem quantitativen Sinne beantworten. Es sind qualitative Bewertungsfragen, die uns heute und künftig bewegen, wenn wir nach den Wertkriterien fragen, die Staat und Wirtschaft einander verpflichten.

Schon die situationsbedingte Interpretation der katholischen Eigentumslehre durch *Eberhard Welty* im Krisenjahr 1945 zielte auf die Behebung eines vorübergehenden Notstands und war kein Plädoyer für eine systematische Verstaatlichung. Sein „christlicher Sozialismus" war strikt antimarxistisch und nicht viel mehr als ein damals attraktives Synonym für die katholische Soziallehre. Seine späteren Einlassungen verweisen auf eine mittelständisch geprägte, durch Privateigentum, Mitbestimmung und staatliche Rahmenordnung geprägte Wirtschaftsform, die sich als durchaus kompatibel erwies mit dem Gedanken einer sozialen Marktwirtschaft.

„Wieviel" Staat eine Marktwirtschaft braucht, diese Frage scheint auf eine situationsabhängige Ermessensfrage hinauszulaufen, die nicht *a priori* und für alle Zeiten und Fälle vorentschieden werden kann.

Wenn überraschend eine allgemeine Notsituation eingetreten ist, ruft man traditionell nach dem Staat, der das Notwendige tun muß. Es ist der plötzliche Notstand, der unerwartete Ernstfall, der den Staat als Notbremse zu rechtfertigen scheint. An wen soll man sich sonst bei einer drohenden Wirtschafts- und Finanzkrise wenden, wenn nicht an den Staat? An den eigenen Nationalstaat wohlgemerkt, so lange er sich noch nicht in der Europäischen Union oder in der Globalisierung aufgelöst hat.

Der Satz „Not kennt kein Gebot" scheint auch zweifelhafte Handlungen des Staates zu rechtfertigen, die unter turbulenten Bedingungen und enormem Zeitdruck zustande gekommen sind. In aufgeregt wirren Zeiten fragt kaum einer nach den Legitimationsgrundlagen von Entscheidungen, die unter gewöhnlich-normalen Verhältnissen nie getroffen worden wären.

Hier kann die kurzfristige *ultima ratio* des Staates die langfristige ökonomische Rationalität vorübergehend ablösen.

Freilich bedarf es gewisser ethischer und rechtlicher Entscheidungskriterien, die der möglichen Willkür Grenzen setzen. Allgemeine Grenzkriterien werden etwa durch die Eigentumslehre und das Gemeinwohlprinzip der katholischen Soziallehre gezogen, die ich hier voraussetze und die auch verfassungsrechtlich relevant sind. Zunächst jedoch soll auf die aktuelle Krise Bezug genommen werden, die ein gravierendes ethisch-rechtliches Problem offenbart, das schon von prominenten Vertretern der sozialen Marktwirschaft, vor allem von *Wilhelm Röpke,* angesprochen wurde. Hier geht die Frage nach der machtvollen und rechtschaffenden Rolle des Staates über in die Frage: „Wieviel" Moral braucht eine Marktwirtschaft, deren freie Subjekte sich nicht als Funktionäre des Staates begreifen? Schließlich geht es um die politisch-ökonomische, also auch staatliche Lösung der uns heute bewegenden Probleme.

Wer heute als Sozialethiker eine Bewertung der prekären Lage zwischen Marktwirtschaft und Staat vornehmen will, weiß nicht, wie sich morgen bereits diese Lage verändert haben kann. Auf die Prognosen der empirischen Wirtschaftswissenschaften ist kein Verlaß. Gemeinsam mit der christlichen Sozialethik sollte die empirische Ökonomik gerade heute einen Blick „Jenseits von Angebot und Nachfrage" *(Röpke)* werfen. Nämlich auf jene Ordnungspolitik, die in Deutschland mit der Einführung der sozialen Marktwirtschaft Einzug hielt und die noch ein Mindestmaß moralischer Verantwortung bei allen Marktteilnehmern voraussetzte.

Die ganz große Weltwirtschaftskrise scheint einstweilen nur abgewendet werden zu können, wenn die Regierungen in aller Welt massiv in die Finanzmärkte eingreifen. Was sie bereits getan haben, und zwar so umgreifend, daß man partiell von einer Verstaatlichung reden kann. Bestätigt sich jetzt die altlinke „Stamokap"-Theorie, wonach der Staat als Reparaturwerkstatt des Kapitalismus zu gelten hat? Nun werden wir nicht nur in Deutschland, sondern weltweit einer neuen Systemdebatte nicht mehr ausweichen können.

Hierzulande haben wir bisher aus guten Gründen den Begriff Kapitalismus gemieden. Wir waren ganz auf die soziale Marktwirtschaft abonniert. Sie ist in ihren Restbeständen bis heute noch ziemlich erfolgreich. Sie ließ sie sich gut mit der klassischen Eigentumslehre des *Thomas von Aquin* und dem Subsidiaritätsprinzip vereinbaren. Die Ordnungskraft des Privateigentums liegt vor allem in der Stimulierung der Leistung und in der Verantwortlichkeit der Eigentümer. Der Staat sollte sich vor allem um den rechtlichen Ordnungsrahmen kümmern, innerhalb dessen sich die verantwortlichen Privatinitiativen zu bewähren haben.

Aber was bleibt davon übrig, wenn die unternehmerischen Eigentümer oder Manager mit den Risiken nicht mehr fertig werden? Und wenn sie nur Gewinne privatisieren, die Verluste aber sozialisieren wollen?

Vergessen ist die alte Erfahrung, von der bereits die Rede war und die man nicht oft genug wiederholen kann: Daß nämlich die Marktwirtschaft zwingend Privateigentümer voraussetzt, die bei richtigen Entscheidungen vom Markt (und nicht vom Staat) mit Gewinn belohnt, bei falschen Entscheidung mit Verlust bestraft werden. Diese marktimmanente Sanktion muß als Disziplinierung allzu waghalsiger Entscheidungen erhalten bleiben. Sonst bleibt nur noch der Staat, der die „Anreize" nach Belieben setzt und das politisch gewünschte Verhalten rechtlich erzwingt. Dann kann aber von wirtschaftlicher Freiheit keine Rede mehr sein. Und ökonomische Effizienz und Wohlstand sind dahin. Denn von Politikern können wir uns keine profunden ökonomischen Kompetenzen erwarten. Und durch eine höhere, den Unternehmern überlegene Moral zeichnen sie sich auch nicht aus.

Ordnungsdefizite

Zu Recht erwartet man von den Politikern, daß sie um des Gemeinwohls willen einen staatlichen Ordnungsrahmen setzen,

106

der die Vermachtung der Märkte und die Verzerrung des Wettbewerbs verhindert. Monopole und Kartelle sollten durch eine Wettbewerbsordnung ausgeschlossen werden, damit sich die Preise frei und gerecht nach Angebot und Nachfrage herausbilden können. Durch die freie Preisbildung werden Knappheiten signalisiert und überwunden. Diese Einsicht hatte bereits *Ludwig Molina SJ* im 16. Jahrhundert durch Erfahrung gewonnen, eine Einsicht übrigens, die später von den Ordoliberalen für die soziale Marktwirtschaft fruchtbar gemacht wurde. Das Monopolverbot galt natürlich erst recht für den Staat – und traf deshalb den Zentralverwaltungssozialismus und den Staatskapitalismus in gleicher Weise.

Die Frage ist, ob sich dieses Problem mit dem Wendejahr 1989, also mit dem Zusammenbruch des Realsozialismus, von alleine erledigt hat – oder ob es seit dem Kapitalismus-Crash der jüngsten Vergangenheit eine neue Gestalt annehmen kann. Dieser Crash ruft Erinnerungen wach an die Weltwirtschaftskrise Ende der zwanziger, Anfang der dreißiger Jahre des vorigen Jahrhunderts.

Holt uns nun die Geschichte wieder ein, als hätte man nichts aus ihr gelernt? Dieser Geschichte müssen sich gerade jene Marktwirtschaftler stellen, die noch das Attribut „sozial" ernst nehmen und es auf internationaler Ebene neu auszulegen haben. Gibt es weltweit eine neue Akkumulation und Monopolisierung des Kapitals, so daß der internationale Wettbewerb darunter leidet? Wird der „Mittelstand" langsam aufgerieben? Führt die Entkoppelung von Finanz- und Realwirtschaft nicht zu wüsten Spekulationen und Preisverzerrungen? Wie ist es mit der Zuordnung von Wissen, Kapital und Arbeit in einer globalen Börsenwelt, in der das kurzfristige *shareholder value*-Denken vorherrscht? Werden Politik und Kultur, soziale und ökologische Regelungen immer mehr durch private ökonomische Interessen überwuchert? Bilden sich neue Klassen heran innerhalb und zwischen den Nationalwirtschaften? Drohen demzufolge neue Klassenkonflikte zwischen den Habenichtsen und den privilegierten Eigentümern von Wissen und Kapital?

Die erste Weltwirtschaftskrise

Die meisten dieser Fragen wurden bereits vor bald 80 Jahren in der Enzyklika „Quadragesimo anno" (1931) aufgeworfen. Sie erschien auf dem Höhepunkt der damaligen Weltwirtschaftskrise. Papst *Pius XI.* reagierte damit zunächst auf die damals vordrängenden staatstotalitären Bewegungen (Kommunismus, Faschismus, Nationalsozialismus), indem er ihnen das Subsidiaritätsprinzip entgegenhielt, welches die freie Eigenverantwortlichkeit der einzelnen Subjekte hervorhob und die kleineren gesellschaftlichen Einheiten gegenüber jedem Staatsinterventionismus in Schutz nahm. Damit wurde aber keineswegs zugleich der individualisierte Kapitalismus gutgeheißen. Denn dieser offenbarte gerade auf internationaler Ebene die verhängnisvolle Tendenz, Machtmonopole zu bilden, die Politik zu dominieren und das Finanzkapital über die Produktion zu stellen.

Oswald von Nell-Breuning war bekanntlich der Hauptverfasser dieser Enzyklika, er lieferte den maßgeblichen Entwurf, nachdem er 1928 mit seiner Dissertation „Grundzüge der Börsenmoral" hervorgetreten war, in der er sich gegen wilde, auf kurzfristigen Gewinn abzielende Spekulationen an der Börse wandte, ohne freilich die Börse als den „Markt der Märkte" abzulehnen. In der gegenwärtigen Diskussion um den *shareholder value* könnte sich der Beitrag *Nell-Breunings* nachträglich als sehr fruchbar erweisen.

Überdies dürfte der Gegenstand seiner Diagnose in „Quadragesimo anno", nämlich ein „finanzkapitalistischer Internationalismus oder Imperialismus des internationalen Finanzkapitals" (Nr. 109), nicht allzu weit von den negativen Phänomenen entfernt sein, die heute mit dem Problem der Globalisierung verbunden sind, etwa im Bereich der Finanzmärkte und der Währungsspekulationen. *Nell-Breuning* konnte freilich noch nicht den Fortschritt der Informationstechnik erahnen, durch den die Finanzwelt immer „virtueller" und die Finanzzirkulation immer schneller, umgreifender und unkontrollierbarer geworden ist.

Mit „Kapitalismus" sprach *Pius XI.* (Q.A. Nr. 114) „eine wider alles Recht angemaßte gesellschaftliche Herrschaftsstellung des Eigentums" an. „In der Tat", so der Papst, „kommt ja eine solche Herrschaftsstellung von Rechts wegen gar nicht dem Eigentum zu, sondern der öffentlichen Gewalt. (...) Mit vollem Recht kann man ja dafür eintreten, bestimmte Arten von Gütern der öffentlichen Hand vorzubehalten, weil die mit ihnen verknüpfte übergroße Macht ohne Gefährdung des öffentlichen Wohls Privathänden nicht überantwortet bleiben kann."

Dieser Satz läßt sich freilich nicht als Plädoyer für eine generelle Verstaatlichung der Banken deuten. Denn verstaatlichte Banken können ja erst recht eine „gesellschaftliche Herrschaftsstellung" ausüben, die ihnen nicht zukommt. Daß aber private Großbanken der Integration in eine rechtliche Wettbewerbsordnung bedürfen, scheint heute besonders evident zu sein. Im übrigen aber hielt *Pius XI.* fest: „Der Gegensatz zwischen sozialistischer und christlicher Gesellschaftsauffassung ist unüberbrückbar" (Q.A. Nr. 117).

Ein Ausblick mit sieben Thesen

1. Zur Abwehr der Finanz- und Wirtschaftskrise wurden und werden staatssozialistische Maßnahmen ergriffen, die nicht mehr mit der sozialen Marktwirtschaft vereinbar sind. Der Staat beschränkt sich nicht auf eine Rahmenordnungskompetenz, sondern greift durch Verstaatlichung, Vergesellschaftung, industriepolitische Planungsvorgaben, Subventionen, Protektionen oder sonstige Interventionen in wirtschaftliche Belange ein. Dies begründet er mit dem Gemeinwohl, dem er zu dienen hat. Dabei gerät er aber in Konflikt mit dem Subsidiaritätsprinzip und mit der Privateigentumsordnung. Zur Behebung eines allgemein drohenden Notstands kann die kurzfristige *ultima ratio* des Staates die langfristige wirtschaftsethische Rationalität nur vorübergehend ablösen. Es bedarf jedoch ethisch-rechtlicher Entscheidungskriterien, die der staatlichen Willkür Grenzen setzen.

2. In der Hoffnung auf Gewinn müssen Banken und andere Unternehmungen Risiken eingehen. Je mehr sie riskieren, desto höher können ihre Gewinne sein, aber auch die Verluste. Natürlich neigt jeder dazu, den Nutzen zu privatisieren und die Kosten zu sozialisieren. Diese Rechnung kann jedoch nicht aufgehen. Wer ein Risiko eingeht, muß es auch tragen können und für den Verlust haften. Wegen der großen Bedeutung und Verantwortung der Banken für das Geld- und Kreditwesen hat der Staat die ordnungspolitische Aufgabe, wirksame Regeln zur Risikoabschätzung und -haftung aufzustellen sowie für Transparenz zu sorgen.

3. Die Folgen der gegenwärtigen Rettungspolitik werfen ihre Schatten voraus. Die staatlichen Subventionen laufen auf nationalen Protektionismus hinaus, sie wirken sich schädlich auf eine europäische und globale Wirtschaftsordnung aus. Wer für die wachsenden Staatsausgaben die Steuern erhöht, vermindert die Chancen der Bürger, eigenverantwortlich Daseinsvorsorge zu treffen. Andererseits ist es gegenüber den künftigen Generationen nicht zu verantworten, ihnen die Lasten unserer Gegenwart aufzubürden. Die zunehmende Verschuldung des Staates minimiert jedoch seine Handlungsspielräume, weshalb er bereit zu sein scheint, Inflation in Kauf zu nehmen. Diese läuft auf eine ungerechte Enteignung der Bürger hinaus.

4. Weitere Aufgaben machen das Eingreifen des Staates erforderlich, überfordern aber seine finanziellen Möglichkeiten. Zur Abwendung des „Klimawandels" werden die Ausgaben für den Umweltschutz erheblich ansteigen. Und die Kosten, die uns die demographische Entwicklung auflasten wird, werden von den Sozialversicherungen kaum noch getragen werden können. Schon jetzt sind diese Institutionen, die einmal als Selbstverwaltungskörperschaften subsidiär konzipiert waren, so stark unter die staatliche Vormundschaft geraten, daß man mit ihrer völligen Verstaatlichung rechnen muß.

5. In Zeiten schwindenden Wachstums verschärfen sich die Verteilungskämpfe. Manche warnen schon vor sozialen Unruhen oder drohen sogar damit. Die Erwartungen an die Problem-

lösungskompetenz des Staates steigen in dem Maße, wie die Selbstregulierungskräfte des Marktes nachlassen. Werden die Erwartungen an den Staat nicht erfüllt, wird das Staatsversagen zum großen Thema. Somit könnte auch die Demokratie in eine Legitimationskrise geraten. Um so dringender erscheint eine neue Bewährung der sozialen Marktwirtschaft einschließlich der Sozialpartnerschaft, in der Arbeitgeber und Gewerkschaften nach verantwortlichen Lösungen suchen.

6. Zu Recht wird das kurzfristige Erfolgsdenken beim *shareholder value* und auch bei den erfolgsabhängigen Managergehältern kritisiert. Die Prämierung kurzfristiger Spekulationen ohne gleichzeitige Haftung für die Folgen gilt als verantwortungslos und sollte staatlich eingegrenzt werden. Das kurzfristige Erfolgsdenken beherrscht jedoch nicht nur die Marktwirtschaft, sondern auch die Träger der staatlichen Gewalt. Politiker entscheiden mit Blick auf den nächsten Wahltermin oft nach der Devise „Nach uns die Sintflut". Die Gemeinwohlverpflichtung des Staates muß mit einer Verantwortung verknüpft sein, die das Ganze in seiner langfristigen Entwicklung in den Blick nimmt.

Leider kann man Politiker für ihre meist kurzfristig angelegten Entscheidungen kaum persönlich verantwortlich und haftbar machen. Die Selbstheilungskräfte des Staates scheinen ebenso beschränkt zu sein wie die des Marktes. Darum kommt es jetzt besonders auf die Mobilisierung geistig-moralischer Kräfte in Kirche und Gesellschaft an, die das Gemeinwohl in subsidiärer Weise anstreben.

7. Soziale Marktwirtschaft und Ordnungspolitik müssen heute weltweit eingerichtet werden, um das drohende Chaos abzuwenden und geordnete Verhältnisse zu schaffen, in denen verantwortliches Wirtschaftshandeln überhaupt erst möglich wird. Das Hauptproblem ist die ordnungspolitische Gestaltung der Bedingungen, unter denen die Banken und andere Unternehmen global operieren sollen. Und zwar im Sinne der ökonomischen Effizienz wie auch der moralischen Verantwortung. Dazu gehört auch die Sorge um die Wettbewerbsfähigkeit der

armen Länder und ihren Zugang zu den Weltmärkten. Der zunehmende Subventionismus und Protektionismus der entwickkelten Länder schwächt die Chancen der armen Länder, vor allem in Afrika.

Was ist eigentlich (sozial) gerecht?

Die Frage der Gerechtigkeit ist so alt wie die Menschheit selbst und wird bis zum Jüngsten Tag umstritten bleiben. Zwischendurch kann es nicht schaden, daß sich auch Christen mit dieser Frage beschäftigen, wenn es ihnen denn gelingt, zur Klärung und nicht zur Verwirrung beizutragen. Seit Adam und Eva behelligen uns immer die gleichen Fragen: War die Vertreibung aus dem Paradies eine gerechte Strafe Gottes? Warum erstreckt sie sich auf das ganze Menschengeschlecht im Gesamtverlauf der Geschichte? Was unterscheidet die Gerechtigkeit Gottes von den Gerechtigkeitsvorstellungen der Menschen? Wie kann ein gerechter und allmächtiger Gott die vielen Ungerechtigkeiten zulassen?

Auch fromme und gescheite Theologen sind vor diesen Fragen mehr oder weniger gescheitert. Ihre Antworten bleiben bruchstückhaft, solange es ihnen nicht gelingt, die Perspektive Gottes einzunehmen und seinen geheimen Geschichtswillen so zu erkennen wie seinen offenbaren Gesetzeswillen. *Sub specie aeternitatis* die Gerechtigkeitsfrage endgültig entscheiden zu wollen, setzt nämlich genau das voraus, wofür Adam & Eva der Strafe verfielen: Das von der Schlange verheißene Ansinnen, „zu sein wie Gott".

Für diese Anmaßung hat sich – bei allen Versuchen der Selbstrechtfertigung – das erste Menschenpaar „vor Gottes Angesicht" wenigstens noch geschämt. Dem „modernen" Menschen hingegen scheint das *eritis sicut Deus* zum stolzen politischen Programm geworden zu sein – immer noch, trotz aller selbstverschuldeten Katastrophen, die der „mündige",

d. h. immer noch sündige Mensch in seiner „neuen", d. h. dem Alten Adam angemessenen Gesellschaft produziert hat. Und immer dann, wenn die „allzu menschlich" erzeugten Mißstände sichtbar eingetreten sind, beginnt die Verfolgungsjagd auf die vermeintlich Schuldigen. Schließlich bietet sich immer noch Gott beziehungsweise seine Kirche als Generalsündenbock an.

Jede Zeit und Kultur scheint die ihr gemäße Form von Ungerechtigkeit hervorzubringen. Das hängt offensichtlich mit der Korruption zusammen, die bereits in der menschlichen Natur (nach dem Sündenfall) wirksam ist. Es zeigt sich allerdings, daß sich die ethische, speziell die sozialethische Gerechtigkeitsproblematik nicht allein auf der Tugend- oder Lasterebene abhandeln läßt.

Bemerkenswert sind die Gerechtigkeitsdebatten im Mittelalter um die Fragen von Arm und Reich. Die Diskussionen um den gerechten Lohn, Preis und Zins sind bis heute nicht abgeschlossen. Besonders aktuell geblieben sind die naturrechtlichen, d. h. vernünftigen und immer restriktiver formulierten Bedingungen zum *bellum iustum*, zum „gerechten Krieg", die eher die Delegitimierung als die Rechtfertigung von Kriegen bewirkten. Demnach können vermeintlich „heilige" Kriege und Terroranschläge nicht als „gerechte" Kriege anerkannt werden.

Das schon biblisch bezeugte Naturrechtsdenken erwies sich als Wegbereiter einer Menschenrechtsidee, die ihren Ausgang von der universal und reziprok geltenden Menschenwürde nahm, die ihrerseits in der göttlichen Schöpfungs- und Erlösungsordnung begründet wurde. Das Naturrecht galt mithin als Inbegriff des vorpositiven Rechts, als Legitimationsbasis für das positiv-staatliche Recht. Aber eben auch als Grundlage für ein Widerstandsrecht gegen eine ungerechte Staatsgewalt.

Mit dem Naturrecht im Rücken darf man sich die Frage erlauben: Wie gerecht ist eigentlich ein Gesetz? Damit wird die moderne rechtspositivistische (zudem tautologische) Formel „Gesetz ist Gesetz", die Totalitarismus und Willkürherrschaft ermöglicht, systematisch untergraben und die „normative Kraft des Faktischen" wirksam relativiert. Als wesentliche

Maßstäbe für Gerechtigkeit gelten der christlichen Sozialethik bis heute vor allem die Zehn Gebote und die Goldene Regel der Bergpredigt.

Freilich enthält die Bergpredigt einige rücksichtslos anmutende Forderungen, die nur auf dem Hintergrund der eschatologischen, d. h. endzeitlichen, auf das Reich Gottes bezogenen Ethik Jesu verständlich erscheinen. Den radikalen Liebesforderungen Jesu zu folgen ist gleichbedeutend mit einer Reaktion auf die vorgängige Liebe Gottes und setzt Glaube und Gnade voraus. Diese Glaubenserfahrungen erscheinen freilich nicht als Teile einer universalisierbaren Gesetzesethik.

Darum hat sich die christliche Gerechtigkeitsvorstellung in ihrer konkret-gesellschaftlichen Ausprägung immer bescheiden abgegrenzt vom eschatologischen Begriff der Gerechtigkeit im Reiche Gottes. Das berühmte Gleichnis von den Tagelöhnern im Weinberg des Herrn (Mt 20,1–16) insinuiert zunächst: Auch wer zuletzt kommt und am wenigsten arbeitet, erhält den gleichen Lohn. Dies kann aber kein menschlich-vernünftiges Kriterium einer gerechten Lohnfindung sein. Arbeitgeber wie Gewerkschaften würden sich das zu Recht verbitten. Vielmehr handelt es sich hier um die unverdiente Gnade Gottes, die mit unserer Gerechtigkeitsvorstellung nicht ohne weiteres kompatibel ist.

Als unentbehrlich, umstritten und ideologieanfällig erweist sich vor allem der Begriff der „sozialen Gerechtigkeit" im Zusammenhang mit der notwendigen Reform der Sozialpolitik. Der Vorwurf der „sozialen Kälte" und der „Gerechtigkeitslücke" ist allzu rasch bei der Hand. Aber der Begriff der „sozialen Gerechtigkeit" ist meist als leere Hülse und Schlagwort im Umlauf. Den einen dient er zur Absicherung des eigenen Besitzstandes. Anderen hingegen zur Herstellung von konkreter Gleichheit, wenn man selber davon profitiert. Meist ist dabei noch Neid im Spiel.

Weit verbreitet ist auch das Vorurteil: Je höher der staatliche Sozialetat, desto besser steht es um die soziale Gerechtigkeit. Aber herrscht sie dort vor, wo am wenigsten gearbeitet, am meisten verdient wird oder wo die Sozialhilfe am höchsten ist?

Ist sie nur eine Frage der quantitativen Größe? Oder legitimiert sie den real existierenden Sozialstaat auf eine den *status quo* konservierenden Weise, die keine wirkliche Reform mehr zuläßt?

Das „Soziale" ist ein Wertbegriff, der nicht allein aus der Perspektive parteipolitischer Macht oder ökonomischer Interessen inhaltlich gefüllt werden kann. Bei der „sozialen" Gerechtigkeit hat die christliche Tradition seit dem 19. Jahrhundert immer an die klassische Definition von *Ulpian* angeknüpft, wonach Gerechtigkeit zunächst als Tugend gilt, jedem das Seine zu geben *(suum cuique),* aber nicht das Gleiche. Und zwar nach der Regel der Proportionalität: Gleiches ist gleich, Ungleiches ungleich zu behandeln. Gerechtigkeit und Gleichheit können sich also widersprechen. Die entscheidende Frage ist: Worin sind die Menschen gleich? Gleich sind sie in ihrer Würde, auch in ihren Grundrechten. Sonst kennt die Natur überwiegend Ungleichheiten, etwa in der Leistungsfähigkeit und Leistungsbereitschaft. Konkrete Gleichheit kann nur künstlich und mit Gewalt hergestellt werden. Daran sind alle entsprechenden Ideologien und Utopien gescheitert.

Deshalb bleibt es sinnvoll, mit *Aristoteles* und *Thomas von Aquin* zunächst mit der Leistungs- und Tauschgerechtigkeit zu beginnen. Sie regelt die freien Austauschverhältnisse auf dem Markt: Leistung für Gegenleistung. Zugleich setzt sie jedoch die Leistungsfähigkeit aller Teilnehmer voraus. Was ist aber mit denen, die noch nichts, nicht genug oder nichts mehr leisten können und infolgedessen nichts zu tauschen haben? Hier kommt die Verteilungsgerechtigkeit ins Spiel, welche auch den Leistungsschwachen eine angemessene Teilhabe an den Gütern, an Rechten und Pflichten, ermöglicht.

Viele Zeitgenossen, die bloß die austeilende Gerechtigkeit im Blick haben, stellen sich das Sozialprodukt wie einen großen Kuchen vor, den es aufzuteilen gelte. In dieser statischen Betrachtungsweise geht es nur um die Verteilung des Vorhandenen, nicht um die Herstellung oder Vergrößerung des Produkts. In obrigkeitlicher Perspektive erscheint überdies der Staat als der gerechte „Vater Staat", der die Verteilungskämpfe reguliert, die Reichen belastet und die Armen subventioniert. Freilich wird dabei oft das Gerechtigkeitsproblem übersehen, in das der demokratische Sozialstaat hineingerät, wenn er zu seiner eigenen Legitimitätsabsicherung lediglich auf den Druck von Mehrheiten oder von mitglieder- und lautstarken Gruppen reagiert, die sich eine Begünstigung von ihm erwarten. Hingegen werden die berechtigten Ansprüche wirklich hilfsbedürftiger Minderheiten – wie vor allem kinderreicher Familien – strukturell vernachlässigt.

Hier zeigt sich bereits, daß mit „sozialer Gerechtigkeit" nicht bloß ein tugendhaftes Verhalten einzelner, sondern ein bestimmtes gesellschaftliches Verhältnis, eine „Struktur der Gerechtigkeit" angesprochen ist. In ihr wird die Gemeinschaftsverpflichtung, die aus der Sozialnatur des Menschen folgt, besonders auf die Leistungsschwachen bezogen – vor allem hinsichtlich der Schaffung von gerechten Chancen zur Selbstentfaltung und Teilhabe.

Was aber den einzelnen und ihren Gruppen inhaltlich-materiell zukommen soll, unterliegt einem situationsabhängigen Ermessensurteil. So ist der Staat überfordert, Lohngerechtigkeit konkret festzulegen. Ob aber das Verfahren des tarifautonomen Aushandelns der Arbeits- und Wirtschaftsbedingungen „sozial gerecht" ist, hängt von der Gestaltung des Tarifvertragssystems und des Arbeitskampfrechtes ab.

Mit guten Gründen läßt sich bezweifeln, ob dieses System „gerecht" ist, wenn man es mit folgenden Fragen konfrontiert: *Wer* verhandelt hier – nur ein Produzentenkartell (Gewerkschaften und Arbeitgeber)? Und auf *wessen Kosten* einigt man sich – auf Kosten der Arbeitslosen, der Konsumenten, der Kapitalgeber oder der Sparer? Für welchen *Geltungsbereich* wird verhandelt – zentralistisch, undifferenziert, ohne Rücksicht auf einzelne Betriebe? Und mit welchen *Mitteln* wird Verhandlungsdruck ausgeübt? Sind Streik und Aussperrung „waffengleiche" Mittel und sind sie überhaupt noch zeitgemäß?

Was ist also „sozial" gerecht? Das Sozialgerechte einer Ordnung kann nur allgemein definiert werden, und zwar durch die gesellschaftlichen Voraussetzungen und Chancen, unter denen die Wahrnehmung bestimmter Rechte und Pflichten ermöglicht oder erleichtert wird. Schwierigkeiten ergeben sich vor allem in der Zuordnung der Rechte mit den entsprechenden Pflichten. Denn wer will schon gerne Pflichten erfüllen, wenn er sie auf andere abschieben kann? Auf spätere Generationen etwa, die vielleicht gar nicht mehr bei uns geboren werden? Oder auf die ältere Generation, die als „unproduktiv" an den Rand gedrängt wird?

Bei der Frage, wer denn eigentlich die Pflicht hat, soziale Gerechtigkeit herbeizuführen, fällt den meisten Zeitgenossen zunächst der Staat ein, jener mythologische „Vater Staat", der den Mangel an eigener Initiative zu kompensieren hat. Erforderlich ist es, daß der Staat mal etwas unterläßt (etwa die Privilegierung der Kinderlosen) und sich dort zurückzieht, wo die Bürger für sich selber sorgen können. Das heißt: Soziale Gerechtigkeit muß nach dem Prinzip der Subsidiarität neu buchstabiert werden. Damit der zentralistische Sozialstaat nicht seine eigenen Kinder frißt.

Nach subsidiärer Logik und aus Notwendigkeit brauchen wir heute besonders die caritative Einzelhilfe und Eigeninitiative im vorstaatlichen Bereich. Aber weder sozialstaatliche Verteilungsgerechtigkeit noch christliche Karitas können in einem perfekten Sinne „Lebenschancen für alle" gewähren. Wie gut, daß es da noch eine letzte Gerechtigkeit und Liebe Gottes gibt, bei der es nicht auf Leistung ankommt. Wieviele Menschen, die ungerecht getötet werden, die erbärmlich leben und verzweifelt sterben, müssen erst noch ihre Lebenserfüllung finden? Dazu reicht kaum eine Ewigkeit aus.

Prinzipielles zur Ordnung des Marktes

Eine spezifisch christliche Wirtschaftsordnung ist weder biblisch bezeugt noch kirchlich tradiert. Sie hätte unter neuzeitlichen Bedingungen sofort den Ideologie- oder Fundamentalismusverdacht auf sich gezogen. Die moderne katholische Soziallehre stützt sich auf ethische Prinzipien und Normen, die der praktischen Vernunft aller Menschen zugänglich sind (oder sein sollten) und mithin konsensfähig erscheinen.

Prinzipien haben es so an sich, abstrakt zu sein. Das haben sie mit der modernen Kunst gemeinsam, die auch nicht von allen verstanden wird. Die postmoderne Verabschiedung des Prinzipiellen findet jedenfalls in der katholischen Kirche nicht statt. Denn ohne ethische Prinzipien, so lehrt uns die Geschichte, gewinnen Machtansprüche und Gewinninteressen die Oberhand.

Vor allem sind es die klassischen Sozialprinzipien, nach denen sich nicht nur das wirtschaftliche Handeln der einzelnen Subjekte sinnvoll orientieren läßt, sondern auch eine Wirtschaftsordnung, die dieses Handeln stimuliert, prägt und auch begrenzt. Zu den Sozialprinzipien zählen freilich nicht nur Solidarität und Subsidiarität, sondern eben auch das *Gemeinwohl*. Auf dieses Prinzip beruft sich gewöhnlich der Staat im Ernstfall der Krise, um die konkurrierenden Ansprüche zu dämpfen und die Partikularinteressen in ein Ganzes zu integrieren. Auf die Solidarität rekurrieren gewöhnlich die Kostgänger des Sozialstaats und die Nutznießer der organisierten Interessen. Auf das Subsidiaritätsprinzip hingegen scheinen besonders die Unternehmer abonniert zu sein, wenn sie ihre Freiheitsspielräume erhalten oder erweitern wollen.

Die Frage ist: Wie können diese Prinzipien zur sozialen Sinnerfüllung einer Marktwirtschaft beitragen, die hierzulande als soziale Marktwirtschaft immer noch in offizieller Geltung ist? Und wie können sie zur Bewertung und Gestaltung nicht nur der Wirtschaftsordnung, sondern auch der sie umgreifenden Gesellschaftsordnung *dienen?* Nicht, indem man sich ihrer nach jeweiliger Interessenlage beliebig *bedient*. Auch nicht dadurch, daß man sie aus ihrem inneren Zusammenhang löst, um sie einzeln zur Rechtfertigung partikulärer Besitzstände heranzuziehen. Vielmehr erheben die besagten Prinzipien insgesamt den Anspruch, allgemein zu gelten (weil sie dem Wesen des Menschen entsprechen) und *kritisch* auf *menschengerechte* Ordnungen hinzuwirken, innerhalb derer sich alle optimal entfalten können.

Diese vorläufige Antwort wirft freilich mehr Fragen auf, als ein Sozialethiker beantworten kann. Das Problem liegt nicht nur in der metaphysischen Begründung des Menschenbildes und in der naturrechtlichen Entfaltung von Prinzipien und Menschenrechten – ein Problem, das ich hier weiträumig umgehen will.

Was Praktiker vielleicht mehr interessiert und bewegt ist die bemerkenswerte *Spannung*, die bereits im Menschenbild zwischen Individual- und Sozialnatur, zwischen Freiheit und Bindung, Freiheitsrechten und sozialen Anspruchsrechten, Rechten und Pflichten vorgezeichnet ist. Und die sich fortsetzt in der Spannung zwischen Rechtsstaat und Sozialstaat. Sichtbar tritt die Spannung zwischen Solidarität und Subsidiarität auch im Begriff der sozialen Marktwirtschaft hervor.

Wie sozial ist der Markt?

Da die Wirtschaft gerade auch für Christen ein bedeutsames Feld sittlicher Bewährung ist und überdies eine Lebensnotwendigkeit, haben sich die Theologen schon sehr früh mit wirtschaftsethischen Ordnungsfragen beschäftigt, etwa mit der Begründung und sozialen Bindung des Privateigentums und der Frage des gerechten Lohns. Die Kirche sah sich aber weder als legitimiert noch als sachkompetent an, ein konkretes Ordnungsmodell der Volks- oder gar Weltwirtschaft zu entwerfen. In den päpstlichen Sozialenzykliken kommt der Begriff „soziale Marktwirtschaft" nicht vor – im Unterschied zu „kapitalistischen" und „sozialistischen" Wirtschaftsformen, die einer grundsätzlichen Kritik unterzogen werden. Kritisiert wird nicht *der* Kapitalismus an sich, sondern ein bestimmter, mit der Soziallehre nicht zu vereinbarender. Befürworter einer *sozialen* Marktwirtschaft scheint diese Kritik nicht zu treffen. Sonst könnte man sich kaum erklären, daß gerade die Sozialkatholiken in der frühen Bundesrepublik einen „Dritten Weg" gesucht – und dabei die soziale Markwirtschaft zwar nicht erfunden, aber doch gefunden und für gut befunden haben. Hingegen ist der marxistische Sozialismus in seinen weltanschaulichen, anthropologischen und ethischen Grundlagen kirchlicherseits schon ziemlich früh abgelehnt worden.

Andererseits ist das „Soziale", wenn es mit dem Sozialstaat identifiziert wird, durchaus in der Lage, den Markt völlig zu überwuchern und sich selber die produktiven Wurzeln abzuschneiden. Im Zeitalter der Globalisierung zeigen sich die finanziellen Grenzen eines Sozialstaates, dessen ökonomische, demographische und auch moralische Grundlagen ins Wanken geraten sind. Die anhaltend hohe Arbeitslosigkeit läßt sich eher auf eine Fehlkonstruktion des Sozialstaats mitsamt der Tarifautonomie zurückführen als auf Marktversagen.

Inzwischen gibt es ein neues, auch parteipolitisch wirksames Interesse an der programmatischen Bestimmung oder „Besetzung" bestimmter sozialer Wertbegriffe, mit denen sich wirtschafts- und sozialpolitisch notwendige, aber zuweilen schmerzhafte Entscheidungen leichter vermitteln und neue Verteilungskämpfe entschärfen lassen.

Solidarität als Mangelware

Solidarität scheint in modernen Gesellschaften bei zunehmender Individualisierung zu einer Mangelware zu werden. Im Wertebewußtseinswandel der Bevölkerung macht sich dieser Mangel dergestalt bemerkbar, daß immer mehr von individuellen Freiheitsrechten gesprochen wird – und immer weniger von sozialen Pflichten anderer gegenüber. „Selbstverwirklichung" ist zum zentralen Stichwort der Zeit geworden, auf wessen Kosten auch immer. Davon besonders betroffen sind die Institutionen, die noch moralische Anforderungen an ihre Mitglieder stellen. Individualisierung und Pluralisierung werden zum Problem, wenn kein gemeinsamer Sinnbestand als tragendes Fundament mehr erkennbar ist, und wenn der Rückzug in die private Beliebigkeit eigener Interessen weiter fortschreitet.

Diese sozialen Auflösungstendenzen lassen sich vor allem am Beispiel unseres Sozialstaates demonstrieren, der schon seit längerem diese Individualisierungstendenz gefördert hat – und nun ihr Opfer zu werden droht. Er hat nicht die Familien gefördert, sondern eher die Singles. Besorgte Fragen beschäftigen die Öffentlichkeit: Was hält unsere Gesellschaft in ihren Generationen und Gruppen zusammen? Wo bleibt die Solidarität? *Warum* solidarisch sein? *Wie* soll Solidarität organisiert werden? Und *worin* liegen die Bedingungen und Ursachen der Bereitschaft zum Engagement für andere?

Diese Frage provozieren nicht nur die theoretische Aufmerksamkeit von Sozialwissenschaftlern und Sozialethikern. Sondern sie provozieren schon deswegen, weil die Existenz dieser Berufsgruppen von akademischen Einrichtungen abhängt, die finanziell von solidarischen Bürgern getragen werden, und zwar durch Steuern oder Spenden, die erst dann fließen, wenn die Geldgeber auch vom praktischen Nutzen dieser Einrichtungen überzeugt sind.

Viele Soziologen interessieren sich lediglich für eine Solidaritätsform, die auf bloßer Freiwilligkeit beruht. Aber hat jemand jemals gerne und freiwillig Steuern und Abgaben gezahlt – etwa den „Soli", also den Solidaritätsbeitrag für die ostdeutschen Länder? Dennoch scheinen die meisten Bürger grundsätzlich von dieser allgemeinen Solidaritäts- und Gerechtigkeitspflicht immer noch überzeugt zu sein. Die Erzwingbarkeit dieser Pflicht gehört allerdings zur institutionellen Voraussetzung für die Funktionsfähigkeit jedes Staates und jeder staatlichen Universität.

Was unterscheidet aber die freiwillige von der erzwingbaren Solidarität? Hier ist es zunächst einmal notwendig, zu einer begrifflichen Klärung zu kommen, die sich nicht allzu weit von der alltagssprachlichen Begriffsbedeutung und vom Schwergewicht traditioneller Begriffsbildung entfernt.

Man wüßte zunächst gerne, als „was" die Solidarität zu gelten hat: Ist sie ein Gefühl der Zugehörigkeit, ein Geist des Zusammenhalts, ein tugendhaftes Handeln, eine moralische Verpflichtung, ein Wertideal? Dies alles kann das solidarische Denken und Handeln des einzelnen auszeichnen. Das kennzeichnet auch die Weite dieses Begriffs. Aber Solidarität ist „mehr" als eine Kennzeichnung für das Verhalten einzelner: Sie ist ein typisch menschliches Seins- und Sollensprinzip. Sie ist also in der menschlichen Natur als solcher verankert: Der Mensch ist immer schon ein soziales Wesen, seine Existenz, seine Kultur und Sprache verdankt er anderen, zu denen er in einer wesentlichen und notwendigen Beziehung steht. Diese zwischenmenschlichen Beziehungen können aber auf verschiedene Ziele ausgerichtet sein und sehr unterschiedliche Formen annehmen.

Da ist zunächst die *Gruppensolidarität*. Sie zeigt sich im freiwilligen Zusammenschluß von Leuten, die dieselben partikulären Interessen haben, die sie gemeinsam wirkungsvoller durchsetzen können – gegenüber anderen Interessengruppen oder dem Staat. Die pluralistische Gesellschaft zeichnet sich durch eine Vielzahl von solchen freiwilligen Vereinigungen aus, die in Konkurrenz zueinander ihre materiellen Interessen, aber auch ihre kulturellen Werte durchsetzen wollen.

Zwischen den unterschiedlichen Interessengruppen werden aber auch gemeinsame Interessen sichtbar, die solidarisches Handeln hervorrufen. Z.B. können sich Arbeitgeber und Arbeitnehmer zu Produzentenkartellen zusammenschließen – um sich im Kompromiß zu einigen, oft auf Kosten Dritter, z.B. auf Kosten der Arbeitslosen und der Konsumenten. Zur Selbsterhaltung ihrer Organisation müssen sich die Interessenverbände innerhalb der Tarifautonomie gegenseitig als notwendig anerkennen, was einen gegenseitigen Vernichtungskampf ausschließt. Sie können auch gemeinsam Front machen gegen den Staat, um Privilegien von ihm zu erpressen. Sie können aber auch mit ihm kooperieren, wie etwa im „Bündnis für Arbeit". Ob diese korporatistischen Solidaritätsformen dem Gemeinwohl, also dem Wohl auch der Nichtorganisierten dienen, kann man hier und da bezweifeln. Bezeichnend ist jedoch, daß Gewerkschaften wie Arbeitgeberverbände ihre eigennützigen Forderungen gerne als Erfordernisse des Gemeinwohls ausgeben. Es liegt wohl in der Logik sämtlicher Interessenverbände, ihre öffentliche Wirksamkeit dadurch zu steigern, daß sie den Eindruck bloß partikulärer Interessenvertretung vermeiden.

Die Interessenverbände sind von sich aus kaum in der Lage, eine gesamtgesellschaftliche Solidarität mit den Leistungsschwachen, die sich nicht machtvoll organisieren können, zustande zu bringen. Deshalb benötigen wir auch eine gesamtgesellschaftlich wirksame, staatlich organisierte Solidarität, der es nicht nur um gemeinsame Interessen, sondern auch um gemeinsame Rechte, Pflichten und Werte geht, die alle angehen. Die Gruppensolidarität der „interessierten" Individuen und ihrer Verbände bedarf einer solidarisch von allen getragenen Gemeinwohl- und Rechtsordnung, und zwar schon deshalb, damit sie sich nicht gegenseitig neutralisieren oder zerstören.

Solidarität wird hiermit nicht beschränkt auf gemeinsame oder konkurrierende materielle „Interessen", auf die die Gruppensolidarität vor allem, aber nicht ausschließlich aufbaut. Es gibt immer noch zahlreiche Gruppen, deren Solidarität durch gemeinsame moralische oder religiöse Werte und Ziele konstituiert wird. Die Frage ist aber, ob solche Ziele und Werte noch für die *gesamte* Gesellschaft von Belang sind – oder ob die Gesellschaft inzwischen so pluralisiert und individualisiert ist, daß sich ihr *gemeinsamer* Wertbestand verflüchtigt hat.

Das hätte erhebliche Folgen für eine Solidarität, die mehr ist als eine freiwillige Haltung oder Handlung im Sinne einer Tugend. Gefährdet wäre vor allem die Solidarität als Sozialprinzip und Strukturelement, das der individuellen Freiheit vorgelagert und aufgegeben ist – und damit auch als grundsätzlich erzwingbar erscheint.

Bei *Immanuel Kant* hatte der Kategorische Imperativ immer noch eine metaphysische Voraussetzung, nämlich daß alle Menschen, übrigens auch die ungeborenen, in ihrer Würde gleich seien. Darin kann man bereits eine Grundsolidarität erblicken, die der Freiheit jedes einzelnen vorgegeben ist. Bei *Kant* bleibt aber der Inhalt der Solidaritätsnorm weitgehend offen. Deshalb versucht man heute, durch ein diskursethisches Verfahren, durch einen allgemeinen demokratischen Dialog, moralische Verbindlichkeiten für alle zu formulieren. Aber auch ein Diskurs, ein gelingender Dialog lebt von Voraussetzungen, die er selber nicht begründen kann.

Die praktische Wirksamkeit von Solidarität kommt freilich nicht zustande aufgrund der Erkenntnis von Pflichten, die um ihrer selbst willen und freiwillig zu erfüllen sind. Dazu bedarf es für gewöhnlich ganz anderer Motive und Anreize. Der *Kant*sche Idealismus scheint mir gesellschaftlich irrelevant zu sein. Und Altruismus, also das völlige Absehen von eigenen Interessen, scheint als Motiv für solidarisches Handeln ziemlich unrealistisch zu sein, es kommt auch sehr selten vor, etwa bei Menschen, die als heiligmäßig gelten dürfen.

Das Solidaritätsprinzip in seiner zweifachen Dimension (also als Tugend des einzelnen wie als Solidarstruktur) bleibt die unentbehrliche Legitimationsgrundlage des Sozialstaats, dessen Leistungen nicht allein durch Steuern, sondern vor allem durch Beiträge an Sozialversicherungskassen finanziert wird. Hier wird nicht nur staatlicher Zwang wirksam, sondern auch gesellschaftlich notwendiger Druck erzeugt, die mit Solidarität legitimiert werden. Es gibt zahlreiche Anzeichen dafür, daß die Krise des Sozialstaats sowohl auf individuellen Solidaritätsmangel (z. B. Mißbräuche) als auch auf mangelhafte Strukturen zurückzuführen ist, die falsche Anreize geben und keine Sozialkontrolle zulassen. In diesem Bereich gibt es viele Trittbrettfahrer, die die Solidargemeinschaft ausnutzen.

Am Beispiel der nationalen Sicherheit (Krieg, Terrorismus) wie auch der Ökologie (Naturkatastrophen, Bedrohung durch Klimawandel) zeigt sich besonders deutlich die Notwendigkeit einer Solidarität, die sich auf die Gewährleistung gemeinschaftlicher, den „Staat" aller Bürger umfassender Werte und Interessen bezieht. Solidaritätserzeugend wirkt hier vor allem das gemeinsame Bewußtsein einer Bedrohung oder Gefahr von außen. Auf diesem negativen Weg der notwendigen Gefahrenabwehr wird der Grundsatz der Solidarität plötzlich evident und plausibel: „Wir sitzen alle in einem Boot: also einer für alle, alle für einen." Daraus speist sich namentlich die ökologisch geprägte, also auf ein öffentliches Gut bezogene Solidarität, wenngleich diese noch besonderer ökonomischer Anreize und Sanktionen bedürftig ist.

Oft wird behauptet, die Marktwirtschaft mit ihrem Wettbewerb sei solidaritätsfeindlich. Dabei wird angenommen, der Wettbewerb sei rein egoistisch. Egoismus gilt hier als ein abwertender Moralbegriff, der im Gegensatz zur moralisch angeblich immer „guten" Kooperation steht. Warum spricht man nicht von (legal-legitimen) Eigeninteressen, die in der marktwirtschaftlichen Wirklichkeit ganz entscheidend sind für die Leistungsbereitschaft der einzelnen, von der auch die Gesellschaft insgesamt profitieren kann?

Kooperation in der Wirtschaft führt hingegen nicht selten zu Monopolen und Kartellen – auf Kosten des „gerechten Preises" und der Konsumenteninteressen, während der angeblich solidaritätsfeindliche Wettbewerb sich wohlstandsfördernd auswirkt, besonders zugunsten der Ärmeren. Hier gibt es eine Solidarität nicht nur unter leistungsfähigen Wettbewerbern, die sich „solidarisch"-vertraglich auf Spielregeln einer fairen Wettbewerbsordnung einigen, sondern auch eine indirekte Solidarität mit den Leistungsschwachen, die von der Leistungsfähigkeit anderer profitieren. Solche Formen einer solidarischen „Kooperation *im* Wettbewerb" sind vielfach wirksam, besonders in einer *sozialen* Marktwirtschaft.

Nicht angemessen ist eine allzu enge Verflechtung von Liebe und Solidarität. Im Unterschied zur Solidarität ist Liebe (speziell die Tugend der christlichen Nächstenliebe) nicht gesellschaftlich institutionalisierbar (höchstens in der Ehe, vielleicht noch in der Karitas). Liebe ist erst recht nicht erzwingbar. Sie erweist sich vor allem als Mitleid, Großzügigkeit und Wohltätigkeit. Sie ist ungeschuldet, verdienstlich und eine freiwillige

Mehrleistung. Darum geht sie über eine geschuldete Solidaritätspflicht weit hinaus. Und sinnvoll einüben läßt sie sich vor allem in der familiären und kirchlichen Gemeinschaft.

Subsidiarität zumutbar?

Das Subsidiaritätsprinzip regelt die gegenseitige Zuordnung von individueller Freiheit und solidarischer Hilfe. „Subsidiär" bedeutet soviel wie „zur Aushilfe dienend", also Hilfe beim Versagen der erstzuständigen Formation. Umschreiben läßt sich das Prinzip mit dem Schlagwort der „Hilfe zur Selbsthilfe". Die klassische Definition stammt von *Pius XI.,* der 1931 in seiner Enzyklika „Quadragesimo anno" dieses Prinzip kritisch gegen den damals heraufziehenden linken und rechten Totalitarismus zuspitzt.

Nach dieser Fassung enthält Subsidiarität eine zweifache Dimension, die zugleich auch eine gewisse Ambivalenz zum Ausdruck bringt: 1. Ein *Interventionsverbot,* das die Individuen und kleineren gesellschaftlichen Einheiten vor den Eingriffen der größeren schützt. 2. Ein *Hilfsgebot,* das die größere Einheit verpflichtet, den kleineren bei Hilfsbedürftigkeit beizustehen.

Für gewöhnlich wird dieses Prinzip auch mit der Formel umschrieben: „Soviel Freiheit wie möglich, soviel Hilfe und soziale Bindung wie nötig." Diese Formel scheint plausibel zu sein, wenngleich einige Interpreten übersehen, daß das Prinzip der Subsidiarität das der Solidarität begrifflich enthält und zudem auf das Gemeinwohl ausgerichtet ist, – aber eben auf eine dezentrale und nichtkollektivistische Weise. Es regelt die Zuständigkeit aller sozialen Handlungen in der Weise, daß der Vorrang der Initiative den „betroffenen" einzelnen und Gruppen gebührt, denen, soweit nötig, *zur Selbsthilfe geholfen* werden soll von der jeweils größeren gesellschaftlichen Einheit – und erst letzten Endes vom Staat. Auf diesem Weg von unten nach oben wird die verantwortlich handelnde Person, aber auch die vielbeschworene „Basis" der Bürgergesellschaft ernst- und auch in die Pflicht genommen.

Die Frage ist, *ob* sich auf diesem Prinzip eine Wirtschafts- und Sozialordnung begründen läßt. Zunächst ist festzuhalten, daß es sich hierbei um ein abstraktes sozialethisches Strukturprinzip handelt, nicht um eine konkrete Rechtsnorm. Vorrang hat immer das Individuum als Person und primäres Rechtssubjekt. Ihm folgen die Familien als vorstaatliche Träger eigener Rechte sowie die übrigen Gemeinschaften und Körperschaften bis hin zum Staat. Aber *welche* Aufgaben *müssen* die jeweiligen Verantwortungsträger und ihre Gemeinschaften erfüllen und welche *können* sie ohne übergeordnete Eingriffe erfüllen? Und wann genau sind helfende Eingriffe „von oben", die auch Subventionen und damit dirigierende Interventionen bedeuten, erforderlich? Darauf gibt das Subsidiaritätsprinzip allein keine Antwort, und es wäre zwecklos, aus ihm die konkreten Antworten ableiten zu wollen.

Zweifellos bedarf dieses abstrakte Prinzip der jeweiligen inhaltlich-konkreten Präzisierung, die auf eine erfahrungsbezogene Ermessensfrage hinausläuft. Auf eine Frage nämlich, die im öffentlichen Diskurs aus der Praxis ermitteln muß, welche selbstverantwortliche Eigentätigkeit möglich, erfolgversprechend und *zumutbar* ist. Und andererseits: Welche übergeordnete, vor allem staatliche Hilfe notwendig und geboten ist.

Erschwerend hinzu kommt die Frage: *Quis iudicabit,* wer entscheidet im Zweifelsfall, wer was regeln kann und soll? Entscheidet letztlich immer die obere Instanz, weil sie immer mehr Kompetenzen an sich ziehen will? Oder die unteren oder kleineren Einheiten, die auch nicht immer die geborenen Anwälte der Subsidiarität sind, wenn sie etwa lästige Aufgaben nach oben abschieben oder sich Kompetenzen anmaßen, die ihnen nicht zustehen.

Das Subsidiaritätsprinzip garantiert also keine glatten, ein für allemal gültigen Lösungen. Es ist ein dynamisches Prinzip, eine Art Generalklausel mit Orientierungscharakter, keine Zauberformel, die alle Probleme löst, aber auch keine Leerformel, die alles offenläßt. Es ist überdies als ein *kritisches* Prinzip anzusehen, nicht als ein ideologisches Instrument zur bloßen

Bestätigung eines bestehenden Zustandes oder einer vorherrschenden Tendenz.

Mit diesem Prinzip läßt sich vor allem die Entwicklung zu einem zentralistischen Wohlfahrts- und Versorgungsstaat nachhaltig problematisieren, denn es sorgt für ein kritisches Bewußtsein der Mündigkeit und Selbstverantwortlichkeit. Es stimuliert überdies zur Bildung von Selbsthilfegruppen, Selbstverwaltungskörperschaften und von intermediären Instanzen, die zwischen den individuellen und kollektiven Belangen vermitteln. Dadurch kann die jeweils größere Einheit unter einen wirksamen Rechtfertigungsdruck gestellt werden, sie muß öffentlich begründen können, warum sie bestimmte Kompetenzen behalten oder an sich ziehen will.

Nun ist die Frage, *wie* nach dem Subsidiaritätsprinzip eine Wirtschafts- und Sozialordnung zu gestalten wäre. Angesichts der Globalisierung wäre etwa zu fragen, ob es zu einer neuen Vermachtung der Märkte durch Monopole und Kartelle kommt. Freilich fehlt es auf internationaler Ebene an einer Wettbewerbs*ordnung,* die dafür sorgte, daß auch kleinere und mittlere Unternehmen und Volkswirtschaften einen *Zugang* zu den Märkten erhalten und wettbewerbs*fähig* bleiben oder werden. Nationalstaatliche Rahmenordnungen sind hier freilich überfordert. Ihnen obliegt es aber, Konzentrationsprozessen im Bereich der Kapitalvermögen entgegenzuwirken. Im Sinne der subsidiären Beteiligung möglichst aller Wirtschaftssubjekte am Produktivkapital wäre eine breitgestreute Kapitalvermögensbildung wünschenswert. Wirtschaftsbürger, die am Kapital beteiligt sind, werden nicht nur stärker in die Mitverantwortung und die Risiken der Marktwirtschaft eingebunden, sondern könnten in Zeiten knapper Sozialkassen auch eine Zukunftsvorsorge treffen, die sie unabhängiger vom Staat werden läßt.

Angesichts der demographischen Entwicklung gibt es riesige Probleme mit den Sozialversicherungen. Auch liegt der Familienlastenausgleich nach wie vor im argen. Wir stehen vor einem schwer auflösbaren Dilemma: Der Sozialstaat wird vor allem über den Faktor Arbeit finanziert. Je höher die Arbeitskosten steigen, desto größer wird die Arbeitslosigkeit. Die Arbeitslosigkeit ihrerseits überfordert den Sozialstaat, der mit seinen Kosten wiederum die Schaffung neuer Arbeitsplätze verhindert. Der Sozialstaat hat seine Finanzierungsgrenzen erreicht und bedarf dringend einer subsidiären Auflockerung in kleineren Netzen und Selbsthilfegruppen.

Subsidiäre Sozialpolitik bedeutet nicht einfach „Sozialabbau", sondern die Reduzierung zentralistischer, obrigkeitsstaatlicher Strukturen. Je anonymer und großflächiger diese Systeme sind, desto anfälliger sind sie für den bewußten oder fahrlässigen Mißbrauch. Der Aufbau kleinerer, flexiblerer Netze entspricht einer subsidiären Logik. Die Familie ist das kleinste soziale Netz, das es zu erhalten und zu fördern gilt, weil hier die sog. „Humankapitalbildung" einsetzt.

Der Aufbau auch der weiteren Netze setzt jedoch die persönliche und gruppenhafte *Bereitschaft zur Selbsthilfe* voraus. Was aber kann man dem Individuum und den kleineren Gruppen an Selbsthilfe zumuten? Was *kann* der einzelne bzw. seine Gruppe leisten, und was *muß* man ihm abverlangen? Diese Frage der *Zumutbarkeit* wird für die künftige Sozialpolitik entscheidend sein.

Eine subsidiäre Sozialpolitik geht (nach *Bruno Schüller*) in drei Schritten vor: Sie setzt an bei der individuellen Selbsthilfe, indem man etwa privat vorsorgt. Sie setzt sich fort in der freiwilligen Solidarität, die auf Gegenseitigkeit beruht, und sie mündet schließlich in der staatlich organisierten Solidarität für die *nachweislich* Hilfsbedürftigen, d. h. die Leistungsschwachen.

Als fast schon revolutionär könnte sich die konsequente Anwendung der Subsidiarität auf den sogenannten Arbeitsmarkt und auf das bestehende System der Tarifautonomie auswirken. Dieses müßte sich mehr in Richtung auf eine Betriebsautonomie entwickeln, und der Flächentarifvertrag könnte sich nur dann halten, wenn er genügend Rücksicht auf die individuellen und betrieblichen Möglichkeiten nimmt.

Prinzipielle Einheit

Es hat sich gezeigt, daß die Sozialprinzipien (einschließlich des Gemeinwohls) zusammengehören – und erst dadurch zur sozialen Sinnorientierung der Marktwirtschaft und der Sozialpolitik taugen. Aus dieser Gesamtperspektive läßt sich vermeiden, daß Solidarität mit Klassen- oder Gruppenegoismus verwechselt, Subsidiarität mit subventioniertem Individualismus gleichgesetzt und Gemeinwohl für Staatsinterventionismus mißbraucht wird.

Die Sozialprinzipien bilden eine *Einheit*, in der aber eine spannungsreiche Vielfalt zum Ausdruck kommt. Damit läßt sich ein Pluralismus begründen, der noch einen gemeinsamen Sinn erkennen läßt, nämlich ein gutes würdevolles Leben für alle, die in einem Ganzen integriert sind. Freilich stehen die Prinzipien in einem Verhältnis gegenseitiger Spannung, die keinen antagonistischen Widerspruch bezeichnet. Fruchtbar bleibt diese Spannung, wenn sie nicht einseitig aufgelöst wird. Sie bildet das belebende Element einer dynamischen Ordnungskonzeption, die *semper reformanda* ist und kein Ende der Geschichte antizipiert.

Die jeweils vorhandenen Marktwirtschaftsmodelle sind alle nicht perfekt, sondern verbesserungswürdig – und vor allem: verbesserungsfähig. In jedes menschliche Ordnungsdenken und -handeln schleichen sich Fehler ein, die zu korrigieren sind. Daß es Defizite in der real existierenden sozialen Marktwirtschaft gibt, wird gerade von jenen eingeräumt, die für sie eintreten.

Allerdings haben es Prinzipien so an sich, abstrakt zu sein. Sie bezeichnen Ziele, die auf verschiedenen Wegen anzustreben sind und vielleicht nie ganz erreicht werden. In konkreter Anwendung bedürfen sie der analogen Vermittlung auf empirische Sachverhalte, die ständig in Bewegung und in ihren gesellschaftlich-geschichtlichen Kontexten nicht leicht „objektiv" wahrzunehmen sind. Schließlich sollten die besagten Prinzipien auch auf ihre eigene Begriffsbildung angewandt werden: Hier sollte sich keine Gruppe das Definitionsmonopol oder eine exklusive Interpretationsvollmacht anmaßen. Ob das ein Dogma ist? Auch darüber ließe sich diskutieren.

Markt und Moral

In Deutschland bahnt sich wieder mal eine neue Wertedebatte an. Jedenfalls plädiert eine große Mehrheit der deutschen Führungskräfte in Politik und Wirtschaft für eine stärker „an Werten" ausgerichtete Politik. Nach Auskunft des *Allensbacher Instituts für Demoskopie* halten es neun von zehn Befragten unserer Eliten für notwendig, politische Entscheidungen stärker an Werten auszurichten.

Über Werte redet man gern und oft, wenn sie einem abhanden gekommen sind. Dann stellt sich die ewige Wiederkehr der Werte als periodische Wiederholung des öffentlichen Redens über Werte heraus. Man redet dabei über alles, was einem persönlich wertvoll erscheint. Aber gerade dieser verwirrende Überfluß an subjektiven Wertschätzungen läuft auf einen Verlust objektiv verbindlicher Werte hinaus. Dieser wird zunächst als Vertrauensverlust wahrgenommen. Geschwunden ist namentlich das Vertrauen in die politische und wirtschaftliche Elite, die diesen Verlust natürlich am meisten beklagt und durch verstärkte Wertebeschwörung zu kompensieren versucht.

Um welche Werte geht es hier? Schon in den siebziger Jahren hatten wir eine „Grundwerte-Debatte", die sich unterschwellig auch nach der Wiedervereinigung fortsetzte. Dabei ging es vor allem um die Frage, ob und wieweit der demokratische, weltanschaulich neutrale Rechtsstaat auch für den Bestand der moralischen Grundwerte Verantwortung zu tragen habe. Diese Frage wurde damals von der Mehrheit der Parteien und Wähler eher verneint. Dies hing wesentlich mit dem sogenannten „Wertewandel" der Achtundsechziger zusammen, über den eine breite Diskussion entstand, die immer neue Auflagen erfährt angesichts fortschreitender Zerfaserung der Gesellschaft.

Dieser „Wertewandel" im Bewußtsein der Bevölkerung hat durch seine Individualisierungstendenzen und Emanzipationsbestrebungen zur Krise fast sämtlicher Institutionen geführt, ausgenommen der Bereich von Freizeit, Spaß und Unterhaltung. Lustbetonte „Selbstverwirklichung" wurde zum magischen Stichwort der Gegenwart. Pflichten wahrzunehmen, Verzicht zu üben und Opfer zu bringen für ein größeres Ganzes gelten als Zumutung, als Einschränkung der Freiheit. So etwas erwartet man nur von anderen. Für sich selber beansprucht man nur Rechte, die andere verpflichten. Und wehe, wenn andere ihre Pflichten nicht erfüllen. Es sind immer die anderen, die Verzicht üben und den „Gürtel enger schnallen" sollen. Die reziproke Regel, wonach man das selber zu tun bereit sein sollte, was man von anderen erwartet, findet kaum noch Anklang.

Dies hängt gewiß auch mit dem Rückgang der religiösen und kirchlichen Bindungen zusammen. Und mit der Unfähigkeit, überhaupt noch langfristige, verläßliche, treue Bindungen einzugehen. Wir haben es tendenziell mit einem geistigen, moralischen und räumlichen Nomadentum zu tun, mit einer entwurzelten Mobilität, die unsere gesamte Lebens- und Arbeitswelt, unseren modernen Lebensstil charakterisiert.

Unsere Wertdebatten deuten darauf hin, wie umstritten die metaphysischen, religiösen und moralischen Werte sind, die unsere Gesellschaft zusammenhalten sollen, wie ratlos die Leute, wie orientierungslos vor allem die Führungskräfte inzwischen geworden sind. Von einem „klaren Wertekoordinatensystem" (*Renate Köcher*) kann *de facto* keine Rede sein, auch wenn ein verbindlicher Wertekanon von vielen ersehnt wird. Freilich hat sich in vielen westlichen Demokratien jener „Relativismus" der Werte verfestigt, den Papst *Benedikt XVI.* beklagt und überwinden will. Die Gefahr einer „Diktatur des Relativismus" scheint auch die ökonomische Handlungs- und Ordnungsebene erreicht zu haben.

Personen als Handlungssubjekte

Für viele Opfer der Finanzkrise bewahrheitet sich heute der Satz von *Walter Rathenau* „Die Wirtschaft ist unser Schicksal", und zwar auf verhängnisvolle Weise. Doch die Macht dieses Schicksals wird immer weniger als ein anonymes Strukturproblem wahrgenommen und diskutiert. Vielmehr trägt sie das Gesicht eines Unternehmens oder – noch einfacher, greifbarer und angreifbarer: den Namen eines Unternehmers. Vor allem in der Person eines Bankers (der Bankier scheint ausgedient zu haben): In seiner Person scheint sich die ökonomische Macht zu konzentrieren. Und an ihn richten sich zunehmend moralische Anforderungen, von denen er sich oft überfordert sieht.

Dies ist inzwischen immer mehr zum Thema einer Ethik geworden, die nicht nur als *Sozial*ethik die Ordnungsbedingungen und Anreizsysteme der Wirtschaft reflektiert und zu gestalten versucht. Die Sozialethik wird sich vielmehr verstärkt mit der Begründung, Vermittlung und Entfaltung einer normativen Personenethik einlassen müssen, der es besonders um die sittliche Prägung und die sozial-moralische Verantwortung von konkreten Personen geht. Hierbei setze ich den heute üblichen Sprachgebrauch voraus, wonach sich die Moral zur Ethik verhält wie die Praxis zur Theorie.

Das Zweite Vatikanische Konzil hat vor über vierzig Jahren in seiner Pastoralkonstitution „Gaudium et spes" (Nr. 25) den Kern der katholischen Soziallehre knapp und markant zum Ausdruck gebracht: „Wurzelgrund nämlich, Träger und Ziel aller gesellschaftlichen Institutionen ist und muß auch sein die menschliche Person, die ja von ihrem Wesen selbst her des gesellschaftlichen Lebens durchaus bedarf." Mit diesem Grundsatz wird der personalistische Charakter einer Soziallehre unterstrichen, welche die elementare Priorität der Person *vor* der Gesellschaft auch schon in der Formulierung des Subsidiaritätsprinzips zum Ausdruck bringt.

Der personale Subjektcharakter der Gesellschaft wird in unserer Lebenswirklichkeit auch darin erfahrbar, daß die schönsten Systeme und Strukturen auf Dauer verderben können, wenn deren Subjekte korrupt und maßlos egoistisch sind. Ohne gemeinwohlbewußte, engagierte Demokraten gibt es keine Demokratie. Und ohne leistungsbereite, unternehmerische

Entscheidungs- und Verantwortungsträger wird eine Marktwirtschaft nicht funktionieren. Daß die menschliche Natur seit dem Sündenfall durch egoistische Begehrlichkeiten und Laster geschwächt ist, war den christlichen Erfindern der sozialen Marktwirtschaft bewußt. Sie konnten deshalb keine Ordnung anstreben, die erst dann funktioniert, wenn ihre personalen Subjekte völlig von den eigenen Interessen absehen und nur als Tugendbolde leben.

Das Erfolgsstreben nach Marktbeherrschung und Gewinnmaximierung unter den Bedingungen einer zunehmenden Härte im globalen Wettbewerb setzen der Moral arg zu. Andererseits ist die Moralkritik zu einer gefährlichen Waffe geworden, mit der man Konkurrenten erledigen kann. Im Visier des Verdachtes, notorisch unmoralisch zu handeln, stehen natürlich „die da oben", die vermeintlich Reichen und Mächtigen. Oder sagen wir besser: die Verantwortlichen. Von deren Entscheidungen hängt oft das Schicksal vieler Menschen ab. Deshalb müssen an sie strengere moralische Maßstäbe angelegt werden als an das Verhalten der „kleinen Leute", denen die Rolle von Objekten zugewiesen wird.

Bewußt gepflegt werden gewisse Klischees („Heuschrekken", „Raubtiere") allerdings meist von jenen Politikern, die an Sündenböcken interessiert sind, um vom eigenen Versagen abzulenken. Als sie die Finanzmärkte deregulierten und höchst zweifelhafte Finanzprodukte zuließen, haben diese Politiker nicht bemerkt, daß sie eben jenem Raubrittertum Tür und Tor öffneten, über das sie sich später beklagten. Das medial reproduzierte Unternehmerbild spiegelt ein Zerrbild von Habgier und Profitsucht, von Laster und Korruption. Aber man sollte nicht übersehen, daß solche Unarten sehr weit verbreitet sind. Auf welchen Voraussetzungen und Leitlinien kann eine Unternehmer- und Unternehmensethik argumentativ aufbauen? „Wieviel" Moral kann sich ein Unternehmer leisten? Und wie weit kann man von den Entscheidungs- und Handlungseliten ein vorbildliches Verhalten erwarten?

Rechtlicher Zwang und moralische Freiheit

Die Wirtschaft ist kein moralfreier Raum, sondern unterliegt – wie jeder menschliche Lebensbereich – ethischen Wertungen. Im wirtschaftlichen Handeln geht es immer um Menschen, die freie und verantwortliche Subjekte ihres Handels sind oder sein sollten. Sie müssen sich jeweils fragen, *was* sie, *für wen* sie und *wie* sie organisieren, produzieren und konsumieren. Es geht dabei nicht um idealistische Moralutopie, sondern um den realistischen Versuch, das sachlich Notwendige und Machbare mit dem moralisch Wünschenswerten in Einklang zu bringen. Wirtschaften ist soziales Handeln, das nicht nur nach Gesetzmäßigkeiten abläuft, sondern sich auch nach Wertkriterien auszurichten hat, die für alle gelten können. Erst dann läßt sich eine Wirtschaftsordnung gestalten, die das Handeln der einzelnen sinnvoll koordiniert und zielgerecht ausrichtet.

Unternehmensethik reflektiert nicht nur die persönliche Moral einzelner Unternehmer. Deren Verhalten beschränkt sich nicht auf Ich-Du-Beziehungen in Kleingruppen, sondern sie sind mit „ihrem" Unternehmen integriert in die Ordnung einer Großgesellschaft, in ein bestimmtes Wirtschaftssystem, in einen rechtlichen Rahmen. Sie können deshalb nicht für alle sozialen und ökologischen Probleme sofort persönlich verantwortlich gemacht werden. Ihr persönliches moralisches Verhalten muß vielmehr *sozialethisch* reflektiert werden, d. h. unter Berücksichtigung der komplexen gesellschaftlichen und ökologischen Bedingungsfaktoren. Die Moral von Unternehmern und vor allem von Unternehmen hat es nicht nur mit persönlichen Tugenden einer Standesethik zu tun, sondern ist auch sozial- und verantwortungsethisch zu fassen.

Konsensfähige Grundwerte orientieren nicht nur das persönliche Verhalten, sondern fließen auch in die Gesellschafts- und Wirtschaftsordnung ein, die ihrerseits das Verhalten der einzelnen prägt. Die Ordnung der sozialen Marktwirtschaft ist mehr als ein funktionales Regelsystem, das produktiv funktioniert. Sie ist auch sozialethisch den übrigen Wirtschaftsmodellen vorzuziehen: Denn einerseits eröffnet sie nicht nur den unternehmerisch Tätigen Freiheitsspielräume, ohne die man sich gar nicht moralisch bewähren kann. Andererseits wird die Freiheit rechtlich gegen Mißbrauch geschützt und damit eingegrenzt.

Der rechtliche Ausschluß jeden Mißbrauchs würde aber die Freiheit selber und damit die sittliche Verantwortung aufheben. Die Verrechtlichung des Wirtschaftslebens kann aber nicht den Mangel an Moral kompensieren. Denn der rechtliche Zwang bedeutet die Einengung persönlicher Freiheits- und Verantwortungsspielräume. Darunter leidet die Freiheit, die die Grundlage des moralischen Handelns bildet.

Tatsächlich haben wir es in Deutschland mit einer zunehmenden Verrechtlichung zwischenmenschlicher Beziehungen zu tun. Die „Deregulierung", die wir im Finanzsektor zu beklagen haben, hätte sich stattdessen eher in der Realwirtschaft ereignen sollen. Hier treten immer neue staatliche Rechtsvorschriften durch die europäische Hintertür in Kraft. Wie jüngst die Antidiskriminierungsrichtlinien, die einen erheblichen Verwaltungsaufwand nach sich ziehen und für Rechtsstreitigkeiten sorgen. In der Tradition des obrigkeitsstaatlichen Denkens befangen, neigen besonders die Deutschen dazu, das vielleicht moralisch Wünschenswerte nun auch in erzwingbares Recht zu verwandeln.

Der Staat betreibt die Entmündigung seiner Bürger, wenn er ihnen die Möglichkeiten freier moralischer Bewährung immer weiter beschneidet. Im Dschungel des Steuerrechts, im Paragraphenwald des Arbeits- und Sozialrechts kennen sich kaum mehr die Fachleute aus. Und der gute Rat, den die Rechtsexperten erteilen, ist zuweilen sehr teuer. Eigene Rechtsabteilungen können sich nur die Großunternehmen leisten. Kleinunternehmer, Mittelständler, Handwerker fühlen sich benachteiligt und sind eher verunsichert. Durch die verwirrende Vielfalt gesetzlicher Ansprüche, die sich nicht selten gegenseitig widersprechen, wird die handlungsorientierende Funktion des Rechts, die Rechtssicherheit wie auch der Rechtsfrieden untergraben. Eine Reduktion der Komplexität wäre hier dringend erforderlich, wenn es auch mit Zehn Geboten allein nicht getan ist.

Ganz zu schweigen von den Kosten, die das ausgewucherte unübersichtliche Rechtssystem verursacht. Es würde sich lohnen, einmal die privaten und öffentlichen Ausgaben nachzurechnen, die für Rechtskontrolleure, Polizisten, Rechtsanwälte, Staatsanwälte, Richter und nicht zuletzt für den Strafvollzug aufzubringen sind. Dann würde vielleicht der Gedanke aufkommen, daß man sich hohe Transaktionskosten ersparen könnte, wenn die Leute von selber, aus freien Stücken ein Sensorium für Anstand, für das, „was sich gehört", entwickeln würden.

Es soll Zeiten gegeben haben, in denen sich christliche Vertragspartner per Handschlag einigten. In einer moralischen Sphäre der Vertrautheit wohlgemerkt, in der es eine Sache der persönlichen Ehre war, auch mündliche Vereinbarungen einzuhalten. Heute benötigt man umfangreiche Vertragswerke, die zwar jedes Detail festhalten, aber im Kleingedruckten eine Reihe von Hintertüren offenlassen. Dies ist gewiß nicht nur ein Zeichen der zunehmenden Komplexität, sondern auch ein Signal für wachsendes Mißtrauen, das nach Kontrolle ruft. „Vertrauen ist gut, Kontrolle ist besser", meinte *Lenin*, als er die Unternehmer durch Funktionäre ersetzte.

Vielleicht hat sich der Unternehmer X, dessen Fall durch alle Medien ging, „nur" moralisch, nicht rechtlich verfehlt? Die Unterscheidung von Moral und Recht spielt im Wirtschaftsleben eine große Rolle und bietet immer neuen Anlaß für Streit und Mißverständnisse. Daran ist der liberale Rechtsstaat mit seiner Entkoppelung von Recht und Moral nicht unschuldig.

Zunächst wurde die Moral privatisiert und zur inneren Gesinnungsangelegenheit erklärt, während das Recht als formale Spielregel das rein äußere Verhalten der Menschen regieren sollte. Das Strafrecht wollte lediglich die Sozialschädlichkeit der Individuen so eindämmen, daß ihre Freiheit nicht die der anderen behindere. Jetzt, da infolge der modernen Relativierung der Moral dem Recht der moralische Legitimationsboden weitgehend entzogen ist, wird die Umgehung oder Brechung des Gesetzes zum Volkssport und beruft sich jeder Gangster auf sein persönliches Gewissen. Man darf sich nur nicht erwischen lassen, und wer sich erwischen läßt, sollte wegen Dummheit oder mangelnder Rechtsberatung bestraft werden. Und wer nicht mehr der Dumme sein will, fordert Entkriminalisierung.

In der christlichen Tradition tief verankert ist die Unterscheidung, nicht die Trennung von moralischer und rechtlicher Ordnung. Die Klammer zwischen beiden Ordnungen bildete das Naturrechtsdenken in den Vernunftkategorien prinzipiell erkennbarer allgemeiner Sinn- und Wertstrukturen, ein Denken, das später in der Idee der Menschenrechte mündete. Die naturrechtliche Idee der Menschenrechte bildet zwar heute noch die Legitimationsgrundlage für jedes vom Staat in Gesetzesform positivierte Recht, doch erscheint demgegenüber das Reich der persönlichen Freiheit völlig abgelöst zu sein von moralisch-inhaltlichen Vorgegebenheiten. Freiheit wurde immer mehr als individuelle Willkür und inhaltliche Beliebigkeit aufgefaßt, während der Staat im Kontrast dazu immer mehr in die persönliche Freiheit begrenzend eingreift, damit sich diese Freiheiten nicht gegenseitig neutralisieren.

Dabei zeigt sich allerdings die Paradoxie eines liberalen Rechtsstaates, der die persönlichen Freiheiten, die er garantieren will, immer stärker einschränkt, weil er die moralischen Inhalte und Verbindlichkeiten dieser Freiheit nicht mehr zu erkennen vermag. Und weil er der moralischen Selbstregulierung jener Bürger zutiefst mißtraut, die sich etwa nach den Zehn Geboten richten. Die voraussetzungslose Freiheit ist allerdings ein Konstrukt des deutschen Idealismus. Sie hat mit der Wirklichkeit des Wirtschaftslebens nichts zu tun. Die ökonomische Realität zeichnete sich immer schon durch mancherlei Abhängigkeitsverhältnisse aus.

Unsere moderne Wirtschaft ein hochkomplexes System gegenseitiger Abhängigkeiten, in das das Unternehmen eingebunden ist. Der Unternehmer ist nicht das absolut autonome Subjekt, der souveräne „Macher" der Wirtschaft, für den er vielfach gehalten wird. Er ist abhängig von naturalen und kulturellen Vorgegebenheiten, von Angebot und Nachfrage im globalen Markt, von nationalen und internationalen Konkurrenten, Lieferanten, Kapitalgebern und Banken, von Mitarbeitern, Betriebsräten und Gewerkschaften, von der technischen Entwicklung – und nicht zuletzt vom Staat und den übernationalen (z. B. europäischen) Instanzen, die nicht selten massiv intervenieren.

Diese rechtlichen Integrationszwänge und ökonomischen Abhängigkeiten setzen nicht nur der Macht und der Freiheit eines Unternehmens, sondern auch den moralisch guten Absichten eines Unternehmers Grenzen. Es kann nicht alles moralisch Erstrebenswerte zur gleichen Zeit für alle realisiert werden. Eine heile Welt des Unternehmens ist ökonomisch nicht machbar, weder für Unternehmer, die kurzfristige Gewinnmaximierung betreiben, noch für Mitarbeiter, die sich nur selbst verwirklichen wollen – auf Kosten des Unternehmens.

Wenn Manager allein auf den aktuellen *shareholder value* blicken, mindert sich dieser mittel- und langfristig. Wenn jeder nur sein subjektives Heil sucht und nur auf sein (legitimes) Gewinninteresse starrt, gerät der objektive primäre Zweck des Unternehmens in Vergessenheit, nämlich dem Konsumenten zu dienen und nachgefragte Güter und Dienstleistungen relativ preiswert und qualitätsbewußt zu produzieren. Produzenten und Konsumenten müssen freilich auf gleicher moralischer Ebene kommunizieren können, wenngleich sie unterschiedliche Interessen verfolgen.

Freiheit braucht Maßstäbe

Gegenseitige Abhängigkeiten und Bedingungsverhältnisse sind nicht in sich ethisch verwerflich, und staatlich zwingende Rechtsnormen sind, wenn sie inhaltlich der moralischen Norm entsprechen, sogar sittlich verpflichtend. Aber in der gelebten Moral geht es nicht nur um Normen, sondern vor allem um die freie Entscheidung und Handlung von Personen, die ihrem Gewissen verpflichtet sind. Das Gewissen bedarf allerdings der moralischen Norm und einer entsprechenden Gewissensbildung, um nicht in Willkür zu enden. Um moralisch zu handeln, muß der Unternehmer (als verantwortlicher Handlungsträger) den entsprechenden Handlungs- und Freiheitsspielraum behaupten und zu erweitern versuchen. Das setzt die Sicherung seiner Existenzgrundlage im Unternehmen voraus. Nur ein „real existierendes" Unternehmen kann ein „gutes" Unternehmen sein. So wird man es als eine Art „Todsünde" ansehen, wenn ein Unternehmer in die roten Zahlen gerät. Dies passiert selten aus einem Übermaß an moralischer Verantwortung, sondern meist aus einem Mangel an Sachkenntnissen, an Geschäftsideen, an Prognosefähigkeit. Sind diese Grunderfordernisse nicht gegeben, nützen auch die besten moralischen Absichten nichts. Nur durch Gewinne und in Erwartung von Gewinnen kann ein Unternehmen investieren, Arbeitsplätze erhalten und neue schaffen – oder die notwendigen Investitionen für den Umweltschutz tätigen.

Natürlich heiligt der Zweck der eigenen Existenzerhaltung nicht alle Mittel. Darum muß ein verantwortlicher Unternehmer, der in ausweglose Existenznöte gerät, rechtzeitig den Mut aufbringen, seinen Platz auf dem Markt mit anderen zu teilen oder für andere zu räumen. Unternehmerische Qualitäten können verblassen, und mancher sollte sich oder sein Unternehmen rechtzeitig mit der *ars moriendi,* mit der Kunst des Sterbens vertraut machen, bevor er mit allen, auch unmoralischen Tricks versucht, sich über Wasser zu halten.

„Wertewandel" und Individualisierung haben zur allgemeinen Krise der Moralorientierung und Moralvermittlung beigetragen. Gegenwärtig meldet sich aber eine neue Nachfrage nach zuverlässigen und verbindlichen Maßstäben. Sittliche Pflichterfüllung erwartet man wenigstens von anderen. „Sekundärtugenden" wie Pünktlichkeit, Ordnungssinn, Sauberkeit, Fleiß und Dienstbereitschaft gelten inzwischen wieder als unentbehrlich für die Arbeits- und Zahlungsmoral in einer Dienstleistungsgesellschaft. Rehabilitiert werden vor allem die klassischen Kardinaltugenden: Klugheit, Gerechtigkeit, Tapferkeit und Maß. Sie lassen sich namentlich als Führungstugenden besonders für jene Manager ausformulieren, die auf das Vertrauen ihrer Mitarbeiter und Kunden Wert legen.

Moralische Maßstäbe und Haltungen zu begründen und allgemeinverbindlich zu formulieren, ist nicht gerade einfach in einer pluralistischen Gesellschaft. Da reicht eine rein religiöse Begründung schon lange nicht mehr aus. Die Bergpredigt versteht sich allerdings nicht als eine allgemeine Gesetzesethik, die von allen Menschen – unabhängig von ihrem Glauben – befolgt werden kann. So lassen sich etwa die Gebote des Schuldenerlassens und der grenzenlosen Vergebungsbereitschaft nicht als Normen verallgemeinern oder gar mit rechtlichem Zwang durchsetzen. Denn diese Anforderungen richten sich an einzelne Gläubige, die ihnen nur entsprechen können, wenn ihr Handeln zuvor durch Gnade ermöglicht wurde. Banken können nicht generell Schulden erlassen. Es würde schon genügen, wenn sie ihre Kunden nicht hinters Licht führen, sondern ihnen Aufschluß über mögliche Risiken geben würden. Auch läßt sich mit umfassender Vergebungsbereitschaft keine Personalabteilung führen. Aber daß sie die Mitarbeiter nicht trickreich herausmobbt, dürfen wir schon erwarten.

Laster und Tugenden

Bei dem Versuch, das schillernde Phänomen der zeitgenössischen Korruption bewertend zu analysieren und auch sozialstrategisch in den Griff zu bekommen, dürften historische Befunde besonders anregend sein, weil sie den realistischen Blick für Möglichkeiten und Machbarkeiten innerhalb bestimmter Epochen und Systeme schärfen und Vergleiche zwischen ihnen zulassen. Jede Zeit und Kultur scheint die ihr gemäße Form von Korruption hervorgebracht zu haben. Was einen Theologen kaum erstaunen kann, der bereits in der menschlichen Natur

Korruption am Werke sieht. Die *natura corrupta* des Menschen wird seit *Paulus*, den Kirchenvätern, besonders *Augustinus*, mit dem Sündenfall Adams (die Rolle der Eva tritt hier merkwürdigerweise zurück) in einen kausalen Zusammenhang gebracht. Die Erbsündenlehre wurde in der frühscholastischen Theologie des *Hugo von St. Viktor* zu einem Lasterkatalog entfaltet, der sich bis heute zur Erhellung korruptiver Motivlagen bestens eignet und auch als Filmstoff schon Verwertung fand. Und zwar in dem amerikanischen Thriller „Seven" von 1995 (mit *Brad Pitt* in der Hauptrolle), in dem die sieben Hauptlaster oder Todsünden nacheinander dramatisch aufgeführt werden: Hochmut, Neid, Zorn, Maßlosigkeit, Habsucht, Wollust und Trägheit. Mit solchen Themen des öffentlichen Interesses hatte sich die Moraltheologie in Deutschland seit Jahrzehnten nicht mehr befaßt.

Die sozialethische Korruptionsproblematik läßt sich freilich nicht allein auf der Laster- und Tugendebene abhandeln. Bereits in den heiligen Schriften des Alten Testamentes sowie in vielen anderen Kulturzeugnissen werden bestechliche Richter und ungetreue Verwalter nicht nur moralisch kritisiert, sondern auch strafrechtlich zur Rechenschaft gezogen. Antikorruptionsvorschriften sind vielfältig bezeugt, so die Strafbestimmungen in der Gesetzessammlung des *Hammurapi*. Berichte aus der ägyptischen Pharaonenzeit und des *Konfuzius* lassen auf eine weitverbreitete Praxis der Korruption schließen. Ähnliches gilt für die griechischen Stadtstaaten und das alte Rom. Auch das europäische Mittelalter ist voll von Korruption, aber auch reich an kritischen Reaktionen und Gegenbewegungen. 1396 wurde die als korrupt empfundene Adelsherrschaft in Köln beendet und durch eine demokratische Herrschaft der Handwerkerzünfte abgelöst. Das entsprechende Verfassungsdokument, der sogenannte Verbundbrief, enthält für die Übernahme eines Stadtratsmandats die strenge Bestimmung, keineswegs „irgendwelche Gabe, Geld, wertvollen Gegenstand, Lohn, Liebesgabe oder Geschenk" in Empfang zu nehmen.

Die Zehn Gebote

Einen verbindlichen Kanon moralischer Werte müssen wir nicht neuerdings erfinden. Den gibt es nämlich schon seit einigen tausend Jahren. Neben der Tugendlehre sind es vor allem die Zehn Gebote. Die müssen wir nur neu entdecken und aktualisieren. So notwendig Originalität und Innovation in Sachen Naturwissenschaft und Technik sind, in Fragen der moralischen Werte würde man sich doch lieber auf das Bewährte verlassen, auf das, was geschichts- und kulturübergreifend, also weltweit Geltung beanspruchen kann. In den Zehn Geboten treffen wir auf geradezu klassische Werte, auf eine kondensierte Menschheitserfahrung. Wenn man im Kontext der Globalisierung nach einem Weltethos fragt, muß man nicht unbedingt das Rad neu erfinden wollen. Es genügt, die guten alten Zehn Gebote zu beachten.

Wer einen Verhaltenskodex für sein Unternehmen aufstellen will, muß sich nur lange genug mit seinen Mitarbeitern beraten, um von ganz allein auf den Trichter der Zehn Gebote zu kommen. Auch wenn man sie nicht mehr in der Schule auswendig gelernt hat und ihre Reihenfolge kennt. Denn keiner läßt sich gerne etwa von den eigenen Kindern mißachten (4. Gebot), von Konkurrenten ermorden (5. Gebot), den Ehepartner ausspannen (6. Gebot), von Mitarbeitern bestehlen (7. Gebot), von Lieferanten betrügen (8. Gebot), von Vorgesetzten sexuell anmachen (9. Gebot) oder von Neid und Habgier bedrängen (10. Gebot).

Wie wollen wir in Deutschland eine Dienstleistungsgesellschaft einführen, wenn es keine hinreichende Pflicht- und Dienstbereitschaft mehr gibt? Überdies kann es in einer Marktwirtschaft keine autarke Selbstverwirklichung geben, weil in dieser Wirtschaftsform der Kunde als König, der Konsument als Souverän erscheint. Produzenten haben also eine Dienstfunktion wahrzunehmen, sie sollen sich nützlich machen für andere, indem sie ihnen qualitative und preisgünstige Güter und Dienstleistungen anbieten. Sie sollen Knappheiten, d. h.

Armut beseitigen. Darin liegt ihre Pflicht. Und darin liegt bereits ein hohes moralisches Ziel der Marktwirtschaft. Und zwar weltweit.

Darum kommen wir von ganz alleine – oft nach längerem Suchen – immer wieder auf die Zehn Gebote zurück. Die Zehn Gebote sind ja keine Erfindung von Moses, sondern präsentieren sich als moralische Gebote Gottes, des Schöpfers und Vaters aller Menschen. Jedenfalls in der Form, wie sie uns biblisch überliefert sind. Diese Zehn Gebote sind übrigens kulturell und geschichtlich vielfach überliefert, sie klingen bereits bei *Hammurapi* im alten Babylon an und gehören zu den bedeutendsten Zeugnissen der Menschheitsgeschichte, zum „kulturellen Erbe der Menschheit", wie es sogar einmal „Der Spiegel" einräumte. Sie sind allerdings nicht nur von musealem Interesse, sondern gehen uns heute an, so als wären sie ganz neu und beträfen den modernen Menschen in seinem Kern.

Die Zehn Gebote sind Ergebnis einer übergeschichtlichen und kulturübergreifenden Menschheitserfahrung, und jeder Versuch, sie zu negieren oder außer Kraft zu setzen, hat immer nur Katastrophen hervorgerufen. Ich meine, wir müßten diese uralten Normen wieder neu entdecken, gerade für das Wirtschaftsleben. Sie gelten für Juden, Christen und (eingeschränkt) auch für Muslime. Und nicht nur für sie.

Interessant ist, daß diese klassischen Gebote hauptsächlich negativ formuliert sind („Du sollst nicht!"), weil wir ja sehr oft schlechte Erfahrungen mit der mangelnden Moral unserer lieben Mitmenschen machen. Andere Leute moralisch zu kritisieren, fällt uns ziemlich leicht, leichter jedenfalls als die Selbstkritik. Was eigentlich *nicht* sein sollte, leuchtet uns unmittelbar ein.

Schwerer zu definieren ist das moralisch Positive, das getan werden sollte. Darum bemerkte *Wilhelm Busch*: „Das Gute, dieser Satz steht fest, ist stets das Böse, das man läßt." Was das Böse bedeutet, kann jeder am eigenen Leib zu spüren bekommen. Und jeder fühlt sich manchmal als armes unschuldiges Opfer böser Machenschaften anderer. Reziprozität in diesem

Zusammenhang heißt, daß man das, was man sich von anderen verbittet, sich selber nicht herausnehmen darf. Allgemein gilt also die Goldene Regel: Was du nicht willst, das man dir tu, das füg' auch keinem anderen zu. Wer sich bei dieser Regel nicht auf die Offenbarung der Heiligen Schrift berufen will, sondern auf die Philosophie, mag auf den kategorischen Imperativ *Immanuel Kants* zurückgreifen: „Handle so, daß die Maxime deines Willens jederzeit zugleich als Prinzip einer allgemeinen Gesetzgebung gelten könne."

Um diese formale Regel mit allgemeingültigen Inhalten zu füllen, lohnt sich der Rückgriff auf die Zehn Gebote. Diese Imperative bedürfen freilich der konkreten Entfaltung, der Anwendung auf jeweils aktuelle Situationen. Jedenfalls ist die Nachfrage nach deutlichen Wertorientierungen überraschend groß, auch wenn der Originaltext der uralten Gebote einigen Zeitgenossen befremdlich klingt. Andererseits freut man sich über die kurze und knappe, pointiert zugespitzte, leicht zu merkende Kurzfassung des Dekalogs: Ein komprimierter Katalog moralischer Maßstäbe, eine Konzentration auf das Wesentliche. Und deshalb eignet er sich als eine autoritative Berufungsinstanz in allen Lebenslagen, ob im Unternehmen oder in der Familie.

Schon das *Erste Gebot* spricht von einer Sache, die uns stark angeht und mit der wir uns schon beschäftigt haben: „Ich bin der Herr, dein Gott. Du sollst keine anderen Götter nehmen mir haben." Täglich können wir Erfahrungen machen mit Leuten, die sich selber wie kleine Herrgötter aufspielen und dabei meist unangenehm auffallen. Sie leiden unter einem „Gotteskomplex". Sie sind von der eigenen Bedeutung so zu Tränen gerührt, daß sie nicht einmal mehr ihre eigenen Schwächen sehen. Manche Chefs halten sich für allwissend und für allmächtig, sie sind beratungsresistent. Bei ihnen kann man lange auf das Eingeständnis warten, daß auch sie „nur Menschen" sind. Vielleicht ist ihnen der Erfolg zu Kopf gestiegen. Und es fehlt ihnen der realistische Mut, für andere dazusein, zu dienen, also die Demut.

Die Beachtung des Ersten Gebotes bewahrt uns vor Selbstüberschätzung. Wer sich im Kult um die eigene Person selber vergöttlicht, wer seine eigenen Ideen verabsolutiert, stellt sich gewissermaßen an die Stelle Gottes. Darum ist die Anerkennung und Verehrung des einzigen, uns endlos überlegenen, uns liebenden Gottes so wichtig für die Vermeidung persönlich Hybris und für die Abwehr innerweltlicher Ideologien, die uns zwar das Paradies auf Erden versprechen, aber stets die Hölle hervorgebracht haben.

„Du sollst Vater und Mutter ehren", lautet das *Vierte Gebot*. Das setzt natürlich voraus, daß es noch Männer und Frauen gibt, die den Mut haben, Väter und Mütter zu werden. Die demographische Fehlentwicklung unserer Gesellschaft hängt nicht zuletzt auch von der Mißachtung dieses Gebotes ab. Hier seien einige kritische Testfragen erlaubt: Kümmern wir uns genug um Eltern, die sich für die nächste Generation einsetzen und somit die Zukunft sichern? Wie behandeln wir Mitarbeiter, die so mutig sind zu heiraten, Kinder in die Welt zu setzen, sie mühevoll und zeitaufwendig zu erziehen? Helfen wir ihnen dabei? Auch für ein Unternehmen ist die Frage nach der Kinderfreundlichkeit erlaubt: Läßt sich die Arbeitszeit für Mitarbeiter so regeln, daß sich Eltern hinreichend um ihre Kinder kümmern können? Können Betriebe Kindergärten und andere Betreuungsmöglichkeiten organisieren, um Müttern und Vätern die Verbindung von Berufstätigkeit und Familienarbeit zu erleichtern?

Das *Fünfte Gebot* heißt „Du sollst nicht töten". Im übertragenen Sinne bedeutet es für die Wirtschaft, dem Leben dienliche Güter und Dienstleistungen in humaner Weise hervorzubringen. Hinsichtlich der Mitarbeiter geht es um die Achtung ihrer Menschenwürde, indem man etwa Mobbing verhindert und ein Klima der Angst vermeidet. Auch im schärfer werdenden Wettbewerb sind die Konkurrenten zu respektieren und nicht mit unfairen Mitteln zu vernichten.

Wie bereits angedeutet, läßt sich das *Sechste Gebot* „Du sollst nicht ehebrechen" für die Wirtschaft folgendermaßen interpretieren: Sei nicht so mit einem Unternehmen verheiratet, daß Ehe und Familie darunter leiden. Bedenke die Treuepflicht gegenüber deiner Familie.

Von ganz zentraler Bedeutung für die Wirtschaft ist bekanntlich das Recht des Privateigentums. Dieses wird durch das *Siebte Gebot* „Du sollst nicht stehlen" garantiert und geschützt. Das bedeutet, man möge doch bitte die Eigentumsbildung durch Leistung und nicht durch Diebstahl betreiben. Die Öffentlichkeit reagiert nicht zufällig gereizt, wenn sich manche Spitzenmanager Gehälter zumessen, die mit Leistungskategorien nicht mehr zu fassen sind. Weniger sensibel reagiert man bei den um sich greifenden Eigentumsdelikten in anderen Teilen der Gesellschaft. Wie viele Mitarbeiter vergreifen sich am Eigentum ihres Betriebes? Wie stark ist der Versicherungsbetrug gestiegen und auch die Schwarzarbeit, die als Steuerhinterziehung zu ahnden wäre? Das geistige und materielle Eigentum scheint immer weniger respektiert zu werden. Ob nicht auch der Staat manchmal geneigt ist, seine Bürger zu bestehlen und damit unter das Verdikt des Siebten Gebotes fällt, bleibt eine aktuelle, hier nicht weiter zu erörternde Frage. Ehrliche Steuerbürger haben manchmal das Gefühl, unter die Räuber gefallen zu sein.

Auch das *Achte Gebot* läßt sich ganz gut auf das Wirtschaftsleben anwenden: „Du sollst nicht falsch gegen deinen Nächsten aussagen." Das heißt übersetzt: Unterlasse wahrheitswidrige Aussagen über Mitarbeiter, Kunden und Konkurrenten. Verspreche nicht mehr, als du halten kannst. Täusche nicht durch irreführende Werbung. Hiermit unterstreicht man die eigene Glaubwürdigkeit und schafft Vertrauen. Das gilt für die Einhaltung des gesamten Dekalogs. Die beiden letzten Gebote schärfen das ein, was bereits unter den Geboten 6 und 7 zur Sprache kam: „Du sollst nicht begehren!"

Investition in Glaubwürdigkeit

Nicht nur unsere sogenannten Eliten haben ein Moral- und Orientierungsproblem, sondern die gesamte Gesellschaft ist davon erfaßt. Jeder empört sich zu Recht, wenn er selber das Opfer ist, aber macht sich zu wenig Gedanken darüber, wenn er andere zu Opfern macht. Darum halte ich eine gewissenhafte Neuorientierung an den klassischen und bewährten Werten für notwendig, wie sie im Dekalog anklingen. Für viele sind sie immer noch – wenigstens vom Anspruch her – selbstverständlich, denn man hat sie von Kindheit an eingeübt oder wenigstens aufgrund von Lebenserfahrungen als sinnvoll erfahren.

Aber „was Hänschen nicht lernt, lernt Hans nimmermehr", lautet ein alter Spruch. Mit dieser Weisheit ist gewiß nicht das Auswendiglernen gemeint – oder die kognitiv-rationale Einsicht in ethische Zusammenhänge. Was die bloße Kenntnis des Wortlauts und der Reihenfolge der Zehn Gebote betrifft, könnte eine Pisa-Studie erschreckende Ergebnisse zu Tage fördern. Die jüngeren Leute haben den Dekalog wahrscheinlich nicht mehr in der Schule gelernt. Aber das bedeutet nicht unbedingt, daß sie sich weniger daran halten als die Älteren.

Entscheidend ist, daß zwischen den Generationen, Geschlechtern, Berufen und Schichten unserer Gesellschaft eine bessere Verständigung über die moralischen Regeln unseres Zusammenlebens zustande kommt. Und daß wir diese Regeln auch praktisch einüben und einhalten. Moral nur zu predigen und sich dabei den Mund fusselig zu reden, genügt nicht. Auch nicht, daß uns der gestrenge „Vater Staat" auf dem Rechtsweg das einbläut, was auf dem Weg der Freiwilligkeit besser und überzeugender gelingen mag. Durch praktische Vorbilder etwa, die uns zur Nachahmung reizen und zeigen, wie erleichternd und befreiend moralisches Verhalten sein kann. Dann erscheinen einem auch die Zehn Gebote nicht als von außen aufgezwungene Moralnormen, sondern als plausible und evidente Leitbilder, auf die man sich verlassen kann.

Kurzum, auch im Geschäftsleben erweist es sich, und zwar weltweit, wie sehr wir auf verläßliche moralische Werte und Leitbilder angewiesen sind. Diese sollen das ohnehin schon komplizierte Leben nicht noch zusätzlich erschweren, sondern erleichtern. Sie lehren uns, wie man auch mit Leuten kooperieren und gut auskommen kann, die wir nicht sympathisch finden oder gar für Gegner halten.

Dann stellt sich auch heraus, daß moralisches Verhalten weniger kostet an Mühe und Geld, als es Nutzen verheißt – jedenfalls mittel- und langfristig. Die Investition in Glaubwürdigkeit und Vertrauen zahlt sich immer aus. Nicht nur finanziell. Wir dürfen annehmen, daß gewisse Wertverluste nicht in einer völligen Dekadenz der Moral enden. Denn es gibt auch immer neue Wertinitiativen, neue Mobilisierungen von Wertreserven und Wertressourcen, vor allem die Regeneration, die ewige Wiederkehr klassischer Werttraditionen wie die Zehn Gebote.

Die scheinen fest in den Genen der Menschheit verankert zu sein, mehr jedenfalls, als es *Thilo Sarrazin* vermuten mag. Manche nennen es die Selbstregulierung der Weltgeschichte, andere vertrauen auf die Vorsehung und die befreiende Hilfe Gottes. Das dispensiert uns nicht davon, uns selber ins Zeug zu legen und von der Freiheit eines Christenmenschen einen möglichst sinnvollen Gebrauch zu machen.

Globalkapitalismus am Ende

Die Arbeiterfrage wurde jenseits der marxistischen Ideologie, die sie nur revolutionär anheizte, weithin gelöst. Und zwar auf dem Reformweg durch eine christlich-soziale, durch Avantgardisten wie Bischof *Ketteler* stimulierte, marktwirtschaftlich orientierte Ordnungs- und Sozialpolitik, zu der sich später auch die Sozialdemokraten bekehrten. Inzwischen haben sich die sozialen Fragen ökonomisch und ökologisch verschoben, sie haben sich global erweitert. Gewiß ist es heute die Gobalisierung, die ganz neue sozialethische Ordnungsfragen aufwirft, an denen sich die Internationale der katholischen Soziallehre abarbeiten muß.

Der Kapitalismus, wie man ihn seit dem 19. und bis in das 20. Jahrhundert auf dem europäischen Kontinent erlebt und erlitten hat, ist von sozialer Marktwirtschaft langsam abgelöst worden. Jedenfalls ist er nicht mehr das, was er früher einmal war. Die Wirtschaftsformen in den Ländern der Europäischen Union lassen sich nicht mehr generell als kapitalistisch abstempeln, höchstens dann, wenn man einen völlig unhistorischen Begriff von Kapitalismus verwendet.

Eher trifft der Eindruck zu, daß wir es inzwischen mit einer sozial und ökologisch immer stärker gegängelten Marktwirtschaft zu tun haben. Sie trägt jetzt durchaus etatistisch-dirigistische Züge. Was nicht ausschließt, daß sich in ihr – lange Zeit unbemerkt oder sogar von den europäischen Staaten gefördert – ein Finanzkapitalismus breitgemacht hat, dessen verheerende Auswirkungen wir seit 2008 zu spüren bekommen.

Ihren Ausgang nahm die Finanzkrise in den USA, dem Eldorado und Reservat des *laissez faire*-Kapitalismus. Lange Zeit schien es so, als wäre dieser weithin ungeordnete Kapitalismus als Modell für die Weltwirtschaftsordnung geeignet. Von der liberalen Wunschvorstellung eines totalen Freihandels ist man inzwischen weit abgerückt. Denn das nationale Hemd ist auch den Amerikanern näher als der globale Rock. Auch in Europa rücken nationalstaatliche Wirtschaftsinteressen wieder in den Vordergrund. Eine Tendenz, die der Suche nach gemeinsamen Lösungen der internationalen Probleme nicht gerade förderlich ist.

Immerhin dämmert jetzt überall die Einsicht, daß wir uns einen Finanzkapitalismus völlig ungezügelter Willkür und Gier nicht mehr leisten können. Und daß das Vertrauen in ein geregeltes Finanzsystem und in die moralische Glaubwürdigkeit seiner Repräsentanten entscheidend ist für eine gedeihliche Entwicklung der Weltwirtschaft.

Zur Ordnung gerufen

Den Deutschen gilt es als unschicklich, auszuwandern, um woanders Arbeit zu finden und Geld zu verdienen. Grenzüberschreitende Mobilität haben wir nur den Gastarbeitern und Zuwanderern zugemutet, uns selber aber lediglich in Form des Auslandstourismus zugetraut, für den jährlich zig Milliarden aufgebracht werden. Inzwischen leben auch einige hunderttausend deutsche Rentner in Ländern, wo die Zitronen und die Bankkonten blühen. Keiner findet etwas dabei, wenn wir uns automobiler und elektronischer Techniken bedienen, die wir zunehmend aus anderen Ländern beziehen, und die das Leben so genußreich machen.

Dieser relative Reichtum stammt aus Leistung, Kapital und *ingenium,* aus knappen und vergänglichen Ressourcen also, die uns im Export bisher wettbewerbsfähig hielten. Doch mit der wachsenden Globalisierung der Märkte hat sich der Wettbewerb erheblich verschärft. Viele frühere Entwicklungsländer können inzwischen immer besser und billiger produzieren, und in den Zukunftstechnologien fällt Deutschland immer weiter zurück. Kreativität und Innovation werden fortlaufend beschworen, ereignen sich aber eher auf dem Kunstmarkt als im Wirtschaftsleben, das sich von bürokratischen Fesseln nicht lösen kann. Im Markenzeichen *Made in Germany* steckt ein fetter Wurm, der mit asiatischen Tigern und chinesischen Drachen kaum noch konkurrieren kann.

Armes Deutschland

Als „Ratten", die das sinkende Schiff Deutschland verlassen, können jene Unternehmer nicht angesehen werden, die ihre Produktion ins Ausland verlagern. Mit ihren Milliarden, die sie fern der Heimat produktiv *investieren*, schneiden sie besser ab als die Touristen, die wesentlich mehr dort *konsumieren*. Beiden ist gemeinsam, daß ihnen das deutsche Klima nicht paßt, daß sie kalte Füße bekommen und lieber dort ihr Geld lassen, wo sie am meisten davon profitieren. Beide verhalten sich also marktwirtschaftlich, wenn sie die Kosten reduzieren und den Nutzen optimieren. Pech gehabt haben nur die deutschansässigen Arbeitnehmer, die nicht so mobil sind wie das Kapital und die technische Intelligenz, wie Touristen und Rentner. Wenn sie in ihrer Leistungsfähigkeit gegenüber den aufstrebenden Völkern nachlassen, können sie nicht mehr so oft in Urlaub fahren und werden hierzulande vielleicht arbeitslos.

Ist das etwa ungerecht? Wieso muß es uns besser gehen als anderen? Für den Markt scheint der Satz des *Magnificat* zuzutreffen: „Die Mächtigen stürzt er vom Throne und erhöht die Niedrigen." Vor dem Markt und seiner Leistungsgerechtigkeit sind alle gleich: Es gibt keine Privilegien für eingesessene Leistungseliten und keine Bestandsgarantien für soziale Errungenschaften. Der globale, allmächtig scheinende Markt, von dem sich kein Land autark abschotten und gegen den kein Staat souveräne Entscheidungen treffen kann, belohnt und bestraft nicht nach der guten oder bösen Willensabsicht, sondern lediglich nach der effizienten Leistungskraft. Der Gnadenweg ist ausgeschlossen, da rettet auch kein Beten. Gehören die Deutschen, die bisher vom Leistungswettbewerb profitierten, nun zu seinen Verlierern? Bricht bald eine neue Armut über uns herein?

Vielleicht muß man erst dieses Schreckgespenst überdeutlich an die Wand malen und eine leichte Panik mit der Standortdebatte erzeugen, damit auch den letzten Gewerkschaftsfunktionären und Sozialstaatsdienern das aufleuchtet, was ihnen als Touristen immer schon klar war: Die Chinesen sind auch Menschen und haben dieselben Rechte. Hier hilft keine nationale Pseudoreligion, die dem deutschen Wesen eine auserwählte Sonderstellung einräumt. Und auch das Christentum kennt keine Formel für den wirtschaftlichen Erfolg, der im übrigen weder heilsnotwendig noch ein Ausweis göttlicher Vorsehung ist. Die christliche Botschaft bietet eher Grund, vor den sittlichen und religiösen Gefahren des Reichtums zu warnen, was in einer reichen Gesellschaft mit anspruchsvollen Armen weniger gut ankommt als in einer armen Gesellschaft mit wenigen Reichen.

Muß es erst schlechter gehen, bevor es besser wird? Überall wird jetzt in Deutschland kostenreduzierend abgespeckt. Auch der Sozialstaat als eminenter Kostenfaktor ist längst kein Tabu mehr. Er soll eine Schlankheitskur durchziehen. Aber von welchen überflüssigen Pfunden und Pfründen soll er sich erleichtern? Als sie noch aus vollen Taschen Wohltaten verteilen konnten, gehörten die Sozialpolitiker zur progressiven Edelklasse. Das Sparen und Zurückfahren ist ein undankbares, unpopuläres Geschäft, von dem sich kein Politiker ein Mandat versprechen kann. Nur wenige wagen es heute, hier mit Spar- und Reformvorschlägen vorzutreten und die Hand an Besitzstände zu legen. Die früheren Sozialreformer finden sich im Lager der Sozialkonservativen wieder.

Die Neuzeit hat das Neue gerne für das Bessere gehalten. An die anhaltend schlechten Neuigkeiten werden wir uns erst noch gewöhnen müssen. Die moderne Fortschrittsideologie hat das ständige Wirtschaftswachstum verheißen. Wenn diese Verheißung nun auch mal zur Abwechslung woanders in Erfüllung gehen sollte als in den Ländern der europäischen Aufklärung, wäre das dem Programm der Universalisierung und

Globalisierung nur förderlich. Der Fortschritt, der gegenwärtig hierzulande erzielt werden kann, liegt nicht im „Immer mehr", sondern im „Weniger ist mehr". Nur langsam wächst wieder die Einsicht, daß Freiheit nicht ohne Risiko und Wertbindung zu haben ist. Und daß sie schließlich mehr bedeutet als Freizeit und Einkommen.

Wer nicht im Wirtschaftswachstum sein Genüge sucht und sich auch nicht mit bloß naturwissenschaftlich-technischen Neuerungen abspeisen läßt, gilt immer noch als konservativ. Auch dann, wenn er sich nach geistig-moralischen Fortschritten umschaut und sie tatkräftig fördert. Bleiben diese aus, kommt ihm die Gegenwart wie ein Plagiat der Vergangenheit vor, aus der man nichts gelernt hat.

Karl Marx als Prophet

Schrecklich originell ist das jedenfalls nicht, was wir heute als Globalisierung bezeichnen. Dann schon eher schrecklich als originell, wenn man das Phänomen aus der Perspektive der Globalisierungsverlierer, d.h. mancher lateinamerikanischer, vor allem afrikanischer Entwicklungsländer betrachtet. Diesen kommt die „weltweit immer enger werdende wirtschaftliche Verflechtung" (*Norbert Walter*) ziemlich bekannt vor. Denn sie bahnte sich bereits im 16. Jahrhundert im Gefolge der spanischen Kolonisierung Amerikas und der portugiesischen in Afrika an.

Auf die sozialen Probleme dieser frühen Globalisierungsform reagierten die spanischen Kolonialethiker mit Forderungen der Menschenwürde und der Menschenrechte. Im grauenhaften Schatten der *Conquista* entfaltete *Franz von Vitoria* überdies die Grundlagen des Völkerrechts, das auch Regeln für das ökonomische Handeln enthielt, die universal und reziprok gelten *sollten*. Dieses Wurzelgeflecht einer weltweiten Ordnung freigelegt zu haben, ist das bleibende Verdienst von *Joseph Höffner*. Hingegen zeichnen sich die meisten modernen Globalisierungstheoretiker durch eine Originalität aus, die auf einen Mangel an

Belesenheit, auf eine souveräne Unkenntnis der Geschichte schließen läßt.

Einen weiteren Globalisierungsschub mit neuen sozialen Fragen brachte das 19. Jahrhundert. 1848 beschrieb einer – wer wird es wohl gewesen sein? – zu dessen Geburtshaus heute nur noch chinesische Touristen nach Trier pilgern, die sich abzeichnende Lage folgendermaßen: „Das Bedürfnis nach einem stets ausgedehnteren Absatz für ihre Produkte jagt die Bourgeoisie über die ganze Erdkugel. Überall muß sie sich einnisten, überall anbauen, überall Verbindungen herstellen. Die Bourgeoisie hat durch die Exploitation des Weltmarkts die Produktion und Konsumtion aller Länder kosmopolitisch gestaltet. Sie hat zum großen Bedauern der Reaktionäre den nationalen Boden der Industrie unter den Füßen weggezogen. Die uralten nationalen Industrien sind vernichtet worden und werden noch täglich vernichtet. Sie werden verdrängt durch neue Industrien, deren Einführung eine Lebensfrage für alle zivilisierten Nationen wird (...) An die Stelle der alten lokalen und nationalen Selbstgenügsamkeit und Abgeschlossenheit tritt ein allseitiger Verkehr, eine allseitige Abhängigkeit der Nationen von einander. Und wie in der materiellen, so auch in der geistigen Produktion. (...) Die Bourgeoisie reißt durch die rasche Verbesserung aller Produktions-Instrumente, durch die unendlich erleichterten Kommunikationen alle, auch die barbarischsten Nationen in die Zivilisation. (...) Mit einem Wort, sie schafft sich eine Welt nach ihrem eigenen Bilde."

Auf die Globalisierung des Kapitalismus, die *Karl Marx* hier nicht ohne Bewunderung beschrieb, zielt vor allem folgender Satz aus seinem „Manifest der Kommunistischen Partei": „Die nationalen Absonderungen und Gegensätze der Völker verschwinden mehr und mehr schon mit der Entwicklung der Bourgeoisie, mit der Handelsfreiheit, dem Weltmarkt, der Gleichförmigkeit der industriellen Produktion und der ihr entsprechenden Lebensverhältnisse."

Hier wie in anderen Punkten mag sich *Marx* zwar als weitsichtiger Analytiker erwiesen haben. Aber seine Diagnosen und

156

Therapien enthalten ideologische Werturteile und Vorschläge zur revolutionären Neuordnung, die sich katastrophal ausgewirkt haben. Dennoch wird man in „gefährlicher Erinnerung" an ihn fragen müssen: Hat seine Kapitalismuskritik nicht eine neue Aktualität erhalten? Schon lange vor *Marx* haben katholische Intellektuelle den Kapitalismus kritisiert. Und die spätere, inzwischen erlahmte katholische Sozialbewegung hat ihn sozialpolitisch einzuhegen versucht. Nicht ohne Erfolg auf nationaler Ebene, auch zur Abwehr sozialistischer Reaktion. Holt uns nun die Geschichte ein?

Soziale Marktwirtschaft – global?

Muß nicht eine soziale Marktwirtschaft im Weltmaßstab installiert werden, um das drohende Chaos abzuwenden und geordnete Verhältnisse zu schaffen, in denen verantwortliches Wirtschaftshandeln überhaupt erst möglich wird?

Nicht die konkrete Geschäftsstrategie einzelner Wirtschaftsunternehmen und Banken ist hier das sozialethische Hauptproblem, sondern die ordnungspolitische Gestaltung der Bedingungen, unter denen sie global operieren können. Und zwar im Sinne der Effizienz wie der moralischen Verantwortung. Daß hierbei die sogenannte Dritte Welt besondere Berücksichtigung verdient, geht schon daraus hervor, daß sie immer noch Dreiviertel der Weltbevölkerung stellt, aber bisher nur unzureichend an den Vorzügen der globalen Marktwirtschaft teilhaben kann.

Der Mangel an Wettbewerbsfähigkeit dieser Länder führt dazu, daß ihnen der Zugang zum Weltmarkt versperrt bleibt. Die Preisfrage lautet: Wie kann dieser Markt so geordnet werden, daß er sich als gerecht und armutsüberwindend zugunsten der Entwicklungsländer auswirkt? Zuweilen soll es sogar recht nützlich sein, den Standort der anderen zur Rettung des eigenen zu verteidigen. Man muß ja nicht gleich mit *Marx* drohen.

Im Weltmaßstab scheint der Wirtschaftsliberalismus deutscher Prägung eher an einem Mangel als an einem Überfluß zu leiden. Lassen sich die ordoliberalen Grundeinsichten universalisieren? Können sie geschichts- und kulturübergreifende Geltung beanspruchen? Über eine „internationale Ordnung" der Marktwirtschaft hatte sich *Wilhelm Röpke* bereits 1945 Gedanken gemacht. Heute hätte er es unter den Bedingungen der Globalisierung mit weltweiten Ordnungsdefiziten zu tun, mit neuen sozialen und ökologischen Fragen. Von einer globalen Ordnung erwarten wir das Kunststück, „Wohlstand für alle" durch fairen Wettbewerb zu schaffen, ohne den Umwelt-, Natur- und Klimaschutz zu vernachlässigen. Was sagen uns die Signale der Verlierer und Gegner der Globalisierung?

Wie kann die neue Völkerwanderung, wie sollen die Probleme der Emigration und Immigration geregelt werden? Armutsbekämpfung und Entwicklungszusammenarbeit machen neue Initiativen der Staaten, Unternehmen und Religionsgemeinschaften erforderlich. Neue Formen von Terror und Krieg bedrohen die Weltwirtschaft als Verkehrswirtschaft. Wir suchen nach einer vernünftigen, gerechten, solidarischen Friedensordnung, die einen „Kampf der Kulturen" verhindert. Wohin entwickelt sich das Völkerrecht und das Verständnis der Menschenrechte? Gibt es noch gerechte Gründe für einen Krieg? Die Ordnung der Weltwirtschaft wirft überdies eine Reihe von Rechtsproblemen auf (Eigentumsrechte, Wettbewerbs- und Kartellrecht, Arbeitsrecht, *terms of trade*). Und es sind gewiß nicht die Ökonomen allein, die uns diese Fragen beantworten können.

Signale aus Rom

Nicht die konkreten Ordnungsfragen der Globalisierung sind das ausdrückliche Thema der ersten Sozialenzyklika, die Papst *Benedikts XVI.* 2009 veröffentlichte. Sondern, wie es im Titel heißt, die „ganzheitliche Entwicklung des Menschen in der Liebe und in der Wahrheit". Ein sehr weites und tief zu beackerndes Feld also, auf dem sich zunächst die Interpreten der katholischen Soziallehre abrackern müssen.

Diese Enzyklika wird der katholischen Soziallehre einen neuen Akzent, vielleicht auch einen neuen Schwung verleihen. An der Entfaltung dieser Lehre waren seit dem 19. Jahrhundert deutsche Katholiken erheblich beteiligt, die sie auch zur politischen Wirkung gebracht haben. *Tempi passati*, so scheint es. Hat sich die katholische Soziallehre und mit ihr die katholische Sozialbewegung nicht schon in den siebziger Jahren des vorigen Jahrhunderts „zu Tode gesiegt"? Jedenfalls läßt sie erhebliche Konditionsschwächen erkennen.

Zuweilen erscheint einem das römische Lehramt wie eine Avantgarde, der die Truppen nicht folgen. Denn den Päpsten der vergangenen Jahrzehnte – von *Paul VI.* über *Johannes Paul II.* zu *Benedikt XVI.* – kann man eines nicht nachsagen: Daß sie nämlich die Zeichen ihrer Zeit nicht rechtzeitig wahrgenommen hätten. Gerade dem „deutschen" Papst, den viele irrtümlich für einen freischwebenden theologischen Intellektuellen halten, sind die Entwicklungen der sozialen Ordnungsfragen nicht verborgen geblieben.

Diese Fragen haben sich seit über hundert Jahren gewaltig verschoben und global gedehnt. Das ist gerade dem regierenden Papst bewußt, der für eine Kontinuität der kirchlichen Lehre steht, die sich dynamisch auf geschichtliche Entwicklungen einläßt, ohne die Grundsätze zu verraten. Freilich sind auch im Verständnis der Prinzipien Akzentverlagerungen möglich und gelegentlich notwendig. Papst *Benedikt* hat mit seiner Sozialenzyklika „Caritas in Veritate" (Liebe in der Wahrheit) eine solche Verlagerung vorgenommen. Sie betrifft die theologisch-philosophische Begründung einer Soziallehre, die kirchlicherseits nicht allein naturrechtlich-vernunftbezogen, sondern zugleich auch spezifisch christlich, d. h. vom Liebesgebot her konzipiert werden muß: *Deus Caritas est.* Wenn Gott die Liebe ist, bleibt sie für Christen das stärkste Motiv, auch im sozial-politischen Raum leidüberwindend zu wirken.

Päpste sind bekanntlich Spezialisten fürs Allgemeine und Generalisten fürs Konkrete. Von ihnen sollte man sich keine unfehlbaren politisch-ökonomischen Strategien, erst Recht keine „konkreten Anweisungen" erwarten. Ihre weltkirchliche Autorität und Kompetenz beschränkt sich auf Fragen des Glaubens und der Moral. Diese Fragen spielen in der Globalisierung eine große Rolle, besonders seitdem die Weltwirtschaft von heftigen Erschütterungen heimgesucht wird.

Als *global player* ist die katholische Weltkirche zwar überall präsent, aber ihr allgemeiner Gestaltungsanspruch, der sich schon im Titel der Enzyklika artikuliert, ist nicht einfach zu vermitteln. Zumal religiös-ethische Wahrheitsansprüche heute oft unter Fundamentalismusverdacht stehen und im Relativismus verschwimmen. Und was die „Liebe" angeht, gilt sie meist als sentimentale Anwandlung, auch als Aufgabe der kirchlichen Caritas (als Non-Profit-Organisation), nicht aber als Motiv und Orientierung für wirtschaftliche Unternehmen.

Ein Unternehmen ist eben keine Caritas, heißt es. In der kapitalistischen Welt scheint alles käuflich zu sein und seinen Preis zu haben. Ein Kapitalist hat nichts zu verschenken, sondern er handelt, d. h. er tauscht. Die von der Enzyklika empfohlene „Unentgeltlichkeit" ist allerdings nicht als ein regulatives Prinzip der Wirtschaftsordnung zu deuten. Das gelegentliche (sich) Verschenken ist ein freiwilliger Akt der Großzügigkeit und der altruistischen Liebe gegenüber Hilfsbedürftigen. Ein Akt, der von einer staunenden Öffentlichkeit mit hohem Lob versehen wird, wenn etwa große Wohltäter ihr Vermögen in eine gemeinnützige Stiftung einbringen. Oder wenn sich ein Unternehmen durch kostspieliges soziales oder ökologisches Engagement auszeichnet. Vielleicht will es gerade dadurch öffentlich ausgezeichnet werden?

Freilich kann jedem uneigennützigen Liebeswerk ein geheimes Nutzeninteresse unterstellt werden. Dieser Verdacht wabert heute überall und gehört zur kapitalistischen Signatur unserer Zeit. Dieser Verdacht erstreckt sich sogar auf heiligmäßige Personen, die ihr Leben ganz für die Armen hingegeben haben. Wollte auch *Mutter Teresa* schließlich nur in den Himmel kommen? Diesen Verdacht äußerte mir gegenüber ein namhafter Betriebswissenschaftler, der die gesamte Wirklichkeit einschließlich des ewigen Heils nur durch seine kapitalistische Brille wahrnehmen konnte. Frei nach *Nietzsche*: „Wer sich selbst erniedrigt, *will* erhöht werden."

Allerdings sollten auch Ökonomen und Philosophen anerkennen, daß es jenseits der Kosten-Nutzen-Logik eine religiöse Sphäre gibt, die nicht auf eigenes Verdienst, sondern auf die unverdiente Gnade Gottes baut. Wenn man auch einräumen muß, daß sich die Liebe in der Welt der Wirtschaft wenigstens in Form der „Solidarität auf Gegenseitigkeit" ereignet, die im eigenen (langfristigen) Interesse Kooperationen eingeht und dabei in Vorleistung tritt. Das entspricht nicht nur der ethischen, sondern zugleich auch der ökonomischen Rationalität. In der globalen Wirtschaftswelt wächst aus Erfahrung die Einsicht, daß sich moralisches Verhalten nicht geschäftsschädigend, sondern eher vertrauensbildend auswirkt. Moralische Glaubwürdigkeit wird angesichts der Krise zu einer humanen Ressource, die man nicht leichtsinnig verspielen darf.

An diese Erfahrung knüpft die Enzyklika an. Sie bringt jene seit langem bewährten, allgemein menschlichen (nicht exklusiv christlichen) Werte, Tugenden und Prinzipien ins Spiel, welche nicht nur für das persönliche Verhalten der Wirtschaftssubjekte, sondern auch für die Wirtschaftsordnung von Belang sind. Dabei schließt Papst *Benedikt* an die Sozialenzyklika „Populorum Progessio" (1967) seines Vorgängers *Paul VI.* an, freilich auf einem viel höheren theologischen Niveau. Damals ging es vor allem um einen qualitativen Entwicklungsbegriff hinsichtlich jener vormals kolonisierten Länder, die mit der industrialisierten „westlichen" Welt solidarisch kooperieren sollten. Die Afrikaner warten bis heute auf eine solche Entwicklungszusammenarbeit.

Der katholischen Soziallehre, in deren Kontinuität auch die neue Sozialenzyklika steht, geht es um sozialethische Maßstäbe zur Begründung von gesellschaftlichen Ordnungen, die weltweit zur Geltung gebracht werden können. Die klassischen Sozialprinzipien Solidarität, Subsidiarität und Gemeinwohl werden dabei auch für die Wirtschaftordnung in Anspruch genommen. Zugleich nimmt die Soziallehre nicht nur Ordnungen oder Systeme in den Blick, sondern – jetzt mit besonderem Nachdruck – auch die sie tragenden Subjekte, von deren persönlichen Verantwortung und auch Tugendhaftigkeit die Stabilität der Institutionen abhängt.

Für Papst *Benedikt* ist die Marktwirtschaft keine ethisch neutrale, rein zweckrationale Veranstaltung oder ein bloßer Mechanismus. Deutlicher noch als seine Vorgänger sieht er den Markt „in das Netz eines größeren sozialen und politischen Umfelds eingebunden": „Denn wenn der Markt nur dem Prinzip der Gleichwertigkeit der getauschten Güter überlassen wird, ist er nicht in der Lage, für den sozialen Zusammenhalt zu sorgen, den er jedoch braucht, um gut zu funktionieren. Ohne solidarische und von gegenseitigem Vertrauen geprägte Handlungsweisen in seinem Inneren kann der Markt die ihm eigene wirtschaftliche Funktion nicht vollkommen erfüllen. Heute ist dieses Vertrauen verloren gegangen, und der Vertrauensverlust ist ein schwerer Verlust."(CiV 35)

Schließlich soll der Markt „auf das Erlangen des Gemeinwohls ausgerichtet werden, für das auch und vor allem die politische Gemeinschaft sorgen muß (CiV 36)." Damit ist der Ordnungsrahmen angesprochen, den der Staat dem Markt zu geben hat. Aber nicht das dualistische Gegenüber von Staat und Markt beherrscht das Ordnungsbild des Papstes. Vielmehr tritt eine dritte, intermediäre Kraft hinzu: die Zivilgesellschaft in ihrer subsidiären Funktion. Für Papst *Benedikt* ist die „Subsidiarität vor allem eine Hilfe für die Person durch die Autonomie der mittleren Gruppen und Verbände (...) und das wirksamste Gegenmittel zu jeder Form eines bevormundenden Sozialsystems (CiV 57)." Diese Stelle läßt sich kritisch gegen die in Deutschland herrschende Tendenz ausspielen, subsidiäre Sozialpolitik zu einem zentralistischen Sozialstaat degenerieren zu lassen.

Hierzulande sind die Prinzipien der sozialen Marktwirtschaft wie die der katholischen Soziallehre weitgehend in Vergessenheit geraten. Wer kennt heute noch die großen Sozialenzykliken von „Rerum novarum" (1891) bis hin zu „Centesimus annus" (1991)? Die Erinnerung an diese Tradition wachzurufen, um ihre andauernde Bedeutung für die heutigen globalen Ordnungsfragen erneut zu bewähren, ist ein wichtiges Anliegen des päpstlichen Lehrschreibens.

In diesem Sinne wäre die Übertragung einer sozialer Marktwirtschaft im Weltmaßstab wünschenswert. Sie ist nämlich sehr verschieden von jenem „Kapitalismus", den die Kirche seit jeher kritisierte. Die Päpste lehnten den ungeregelten Kapitalismus und vor allem den Sozialismus-Kommunismus aus religiösen, moralischen und sozialethischen Gründen ab. Dieser gilt seit 1989, seit dem Zusammenbruch des „Ostblocks" als hinfällig. Jener ist in diesem Jahr in eine massive internationale Krise geraten.

Die seit 1989 vordringende Globalisierung des kapitalistischen Systems hat inzwischen gravierende Ordnungsfragen aufgeworfen, soziale und ökologische vor allem. Seit der jüngsten Finanz- und Wirtschaftskrise hat sich überdies der Eindruck eines drohenden Chaos verschärft, das auch auf eine Reihe moralischer Defizite der verantwortlichen Akteure zurückgeführt wird. Immerhin streitet man darüber, ob „die Krise", denen noch weitere folgen können, eher auf ein Markt- oder auf ein Staatsversagen zurückgeführt werden kann. In beiden Fällen spielen sozial- wie individualethische und nicht bloß technische oder zweckrationale Entscheidungen eine große Rolle. Heute geht es in einer weltanschaulich pluralistischen Weltgesellschaft mehr denn je um universalisierbare ethische Orientierungen, also um Werte, Tugenden und Prinzipien, die die moralische Verantwortung der Subjekte leiten und damit die Ordnungen von Gesellschaft, Wirtschaft und Politik prägen. Und zwar weltweit.

Eine solche Ordnung bedarf natürlich einer rechtlich verbindlichen Autorität. So wie die soziale Marktwirtschaft auf nationaler Ebene eines Rechts- und Sozialstaats bedürftig ist, brauchen wir heute rechtliche, allgemein verbindliche Regeln, welche dem Wettbewerb auf den Weltmärkten sinnvolle Ziele und damit auch Grenzen setzen.

Eine politische Weltautorität, die dies bewerkstelligen könnte, liegt freilich noch in weiter Ferne. Weltwährungsfonds, Weltbank und vor allem die Vereinten Nationen kommen als Garanten einer stabilen, effizienten und dabei „gerechten" Ordnung einstweilen kaum in Betracht. Ein zentraler Weltstaat hätte nach *Hans Maier* den Nachteil, daß man aus ihm nicht mehr emigrieren könnte. Wenngleich der Papst selber schon eine souveräne moralische Weltautorität darstellt – politische Macht hat er keine. Und er strebt auch nicht danach.

Allerdings lassen sich die Probleme, mit denen wir es zu tun haben und zu tun bekommen, nicht vorrangig als Machtfragen beschreiben oder gar mit Mitteln der Macht lösen. Es sind Fragen der Moral und des Rechts, also Fragen, auf die der gewöhnliche Kapitalismus keine Antworten zu geben vermag.

Zehn perspektivische Fragen

1. Seit der Wende von 1989 hat die Marktwirtschaft – einschließlich des Kapitalismus – weltweit ihren Siegeszug angetreten und den Realsozialismus weitgehend überwunden. In aller Welt rücken die Menschen enger zusammen, in Freundschaft oder Feindschaft. Moderne Verkehrsverbindungen und Kommunikationsmittel führen zu einer Globalisierung der Märkte, zu einer verstärkten gegenseitigen Abhängigkeit, Verflochtenheit und Konkurrenz. In der zunehmenden Ökonomisierung aller Welt- und Lebensbereiche kann der Mittelstand, der auf lokale Märkte angewiesen ist, kaum mehr auf den Schutz nationalstaatlicher Regelungen vertrauen. Wir müssen mit einer erheblichen Verschärfung des Wettbewerbs rechnen, wodurch sich die Abstände zwischen den Leistungsträgern vergrößern. Auch scheinen die Sitten rauher,

die Verteilungskämpfe schärfer zu werden. Die Verschärfung des Wettbewerbs, die Verschiebung von Arbeits- und Kapitalmärkten und die Veränderungen in der internationalen Arbeitsteilung werfen große Probleme auf, die sozialethisch gelöst werden müssen.

Andererseits ist das Bewußtsein einer weltweiten Solidarität erheblich gewachsen. Vor allem haben krisenhafte Entwicklungen und herannahende Katastrophen für eine weltweite Ausdehnung unseres Problemhorizontes gesorgt. Die Verschmutzung der Umwelt, die Veränderung des Klimas, die vielen gewaltsamen Konflikte, die Armutswanderungen etc. lassen uns nicht kalt. Wir haben immer mehr das Bewußtsein, in *einer* Welt zu leben und füreinander verantwortlich zu sein. Weltweite Solidarität muß sich heute besonders in und mit den armen Ländern in der südlichen Hemisphäre bewähren.

2. Die Globalisierung verstärkt den Druck auf die armen Länder, die durch Auswanderung sicher nicht reicher werden. Hier bahnt sich ein neuer Nord-Süd-Konflikt an, der in die reicheren Einwanderungsländer hineinreicht und sich als Kulturkampf jetzt schon bemerkbar macht. Die Diskussion über Integration ist auch in Deutschland längst überfällig. Die Westeuropäer sind jetzt schon abhängig geworden von Einwanderern, die die einfachen, aber doch beschwerlichen Arbeiten verrichten, vor allem in den Dienstleistungen. Diese Tendenz wird sich noch verstärken.

Für die technische Intelligenz, die wir selber nicht herangebildet haben, sondern bequemerweise importieren wollen, ist Deutschland längst nicht mehr so attraktiv, wie sich das die Regierungen eingebildet haben. Als zynisch muß freilich der billige „Import von Humankapital" gewertet werden, weil er nämlich die Erziehungs- und Ausbildungskosten gerade den ärmeren Ländern aufbürdet, die am dringendsten auf junge, gut ausgebildete Fachkräfte angewiesen sind. Allerdings wird sich unsere Bevölkerungsentwicklung jetzt kaum mehr familienpolitisch korrigieren lassen, wenngleich familienpolitische Versäumnisse den mangelnden Kindersegen begünstigt haben.

Wenn Zuwanderer massenhaft die fehlenden Arbeitskräfte, Steuer- und Beitragszahler ersetzen sollen, werden wir mit vielen Integrationsproblemen zu rechnen haben. Jetzt schon bahnen sich Generationenrivalitäten, ethnische Konflikte, soziale Verteilungskämpfe und religiöse Streitigkeiten an, auf die wir nicht vorbereitet sind. Ein Volk wie das deutsche, das sich selber aufgibt und zur Bevölkerung wird, tut sich natürlich schwer, seine eigene Identität zu finden. Wenn das Volk, der Souverän, immer älter wird, langsam ausstirbt und sich durch Individualisierung zerfasert, wird es immer schwerer, den Zuwanderern eine „deutsche Leitkultur" anzubieten. Und wenn zu dieser „Leitkultur" eine Rechtsordnung gehört, die sich über die Grundwerte des Lebens, der Ehe und der Familie hinwegsetzt, ist sie auch für viele Ausländer kaum zumutbar.

Die Weltkirche muß daran interessiert sein, daß die neuen Völkerwanderungen friedlich und nach Regeln der Gerechtigkeit verlaufen. Es handelt sich hier nicht um Wohlstandstourismus, sondern um armutsbedingte Emigration. Die Arbeitskräfte wandern zum Kapital. Besser wäre der umgekehrte Weg. Denn auch die Afrikaner, Osteuropäer und Südamerikaner haben ein Recht auf Heimat, und unseren Arbeitslosen wäre Auswanderung nicht mehr zuzumuten. Überdies finden die Einwanderer oft erst nach einem Generationensprung eine neue Heimat. Dies ist ein zugleich strukturelles wie karitatives Problem, an dessen Lösung die Kirche mitwirken muß.

3. Mit der Globalisierung scheint sich der klassische Nationalstaat zunehmend aufzulösen: Einerseits zersplittert er sich durch Regionalisierung, andererseits wird er durch internationale Zusammenschlüsse „aufgehoben". Im Zuge der Globalisierung entsteht eine weltweite Kommunikationsgemeinschaft, in der intensiv nach einem universalen Weltethos gesucht wird, das für alle Menschen und Völker verpflichtend ist. Es scheint, daß die Menschenrechte zum Kernbestand dieses Ethos gehören. Sie werden fast überall anerkannt, aber gleichzeitig auch von vielen unterschiedlich interpretiert oder verletzt. Als religiöse Grundlage der Menschenrechte sind die Zehn Gebote mit

ihren Geboten und Verboten unverzichtbar: Wozu man moralisch verpflichtet ist, dazu ist man auch berechtigt.

Allerdings zeigen sich gravierende Unterschiede und Widersprüche im inhaltlichen Verständnis der Menschenrechte und ihrer Prioritäten. In liberaler Tradition werden sie vor allem als individuelle Freiheitsrechte interpretiert (1). Auf sozialistische Weise werden sie überwiegend als soziale Menschenrechte oder soziale Anspruchsrechte akzentuiert (2). Hinzu kommt verstärkt, besonders aus den Entwicklungsländern, die Forderung nach einer dritten Dimension der Menschenrechte, nämlich als Recht auf Entwicklung, Frieden, gesunde Umwelt und auf das gemeinsame Menschheitserbe.

Die Kirche als Weltkirche ist hier besonders berufen, an einer inhaltlichen Klärung und Begründung der Menschenrechte mitzuwirken. Für die praktische Wirksamkeit der Menschenrechte wird es entscheidend sein, sie in international sanktionierbares Recht umzuwandeln und sie mit entsprechenden Durchsetzungsorganen und Kontrollinstanzen auszustatten. Denn der souveräne Nationalstaat als klassischer Garant der Menschenrechte wird immer mehr von transnationalen Entscheidungsträgern abgelöst.

4. Die internationalen sozialen und ökologischen Fragen zielen auf eine weltwirtschaftliche Marktordnung, die den sozialen und ökologischen Belangen gerecht wird. Umwelt- und Naturschutz, die auch den späteren Generationen eine bewohnbare Welt hinterlassen, können nur weltweit wahrgenommen werden, wenn der Wettbewerb so geordnet wird, daß kein Land kurzfristig davon profitieren kann, wenn es auf Kosten der sozialen und ökologischen Umwelt „billig" produziert und anbietet. In diesem Sinne ist eine soziale und zugleich ökologisch verantwortliche Marktwirtschaft nicht nur als eine nationalökonomische Kategorie oder als ein westeuropäisches Leitbild zu begreifen, sondern auch im Weltmaßstab anzuwenden. Dieses Leitbild wird auch am besten der christlichen „Option für die Armen" gerecht, weil es geeignet ist, Armut zu überwinden und Umweltprobleme zu bewältigen.

5. Eine soziale Wettbewerbsordnung kann nicht allein als formaler Markt-„Mechanismus" funktionieren, sondern ist auf die solidarische Einhaltung moralischer und rechtlicher Regeln angewiesen, die für alle Beteiligten, also universal und reziprok gelten – und darum konsensfähig sein müssen. Zu einem solchen Regelsystem gehört notwendig der Verzicht auf marktbeherrschende Monopole, Kartelle und Absprachen. Abzuwehren sind Wettbewerbsvorteile, die nicht in der Leistung begründet sind. Gegen einen fairen Wettbewerb verstößt besonders die Korruption. Aber auch inhumane Arbeits- und Produktionsbedingungen – wie die Kinder und Sklavenarbeit – sind nicht vereinbar mit einem gerechten Wettbewerb. Allerdings bedarf es der solidarischen „Hilfe zur Selbsthilfe" für diejenigen, die nicht leistungs- und wettbewerbs*fähig* sind – dies freilich nicht im Sinne einer wettbewerbsverzerrenden Erhaltungssubvention.

Was auf nationaler Ebene gilt oder wenigstens gelten sollte, kann leider noch nicht und ohne weiteres auf Weltebene übertragen werden. Denn einerseits gibt es – vor allem in den Entwicklungsländern und im ehemaligen „Ostblock" – noch viele Staaten, die weit von jeder Rechts- und Sozialstaatlichkeit entfernt sind. Und andererseits mangelt es an internationalen, weltweiten Solidarstrukturen, die einen sozialgerechten Ausgleich zwischen armen und reichen Ländern fördern könnten.

6. Es ist unverkennbar, daß viele armen Länder überfordert sind, sich selber autark zu entwickeln. Der freie Austausch von Gütern und Dienstleistungen ist kaum möglich und als gerecht zu bewerten, wenn die Handelspartner von allzu unterschiedlichen Startpositionen ausgehen. Wettbewerb setzt also eine gewisse Gleichgewichtigkeit und Chancengleichheit voraus, jedenfalls in bestimmten Produktbereichen. Der Wettbewerb auf dem Weltmarkt kann sich nicht selbst überlassen bleiben, er bedarf einer moralischen Orientierung und eines rechtlich-institutionellen Rahmens, der bestimmte Verzerrungen verhindert. Auf internationaler Ebene geht es vor allem darum, die Wettbewerbs*fähigkeit* der ärmeren Länder zu fördern und ihnen den *Zugang* zu den globalen Märkten zu erleichtern.

7. Wenn reiche Länder den armen Entwicklungshilfe leisten, so geschieht das meist nicht nur aus rein humanitären Motiven, sondern es verbinden sich damit ganz handfeste politische und wirtschaftliche Ambitionen. Dazu zählen heute freilich keine neokolonialistischen Interessen mehr. Investoren werden nicht mehr mit dem Ausbeutungsvorwurf abgeschreckt, sondern freundlichst eingeladen. Die Notwendigkeit zur hilfreichen Zusammenarbeit ergibt sich heute besonders aus dem gemeinsamen Interesse der Abwehr von globalen Gefahren, die vom „teuflischen Dreieck" der Massenarmut, des Umweltproblems und des ungezügelten Bevölkerungswachstums ausgehen. An diese Gefahren zu erinnern, um sie aus eigenem Interesse durch tatkräftige Hilfe aufzufangen, ist wesentlich wirksamer als der Appell an moralische Gesinnungen und Pflichten. Der Idealfall wäre, daß sich die Vorteile für die Industriestaaten mit dem Nutzen der Entwicklungsländer glücklich verbinden ließen.

8. Nicht ein Übermaß, sondern ein Mangel an geordneter marktwirtschaftlicher Praxis und Wettbewerbsstruktur muß als Ursache der Entwicklungsprobleme gelten. Zu den „externen" Defizitfaktoren gehören vor allem kolonialgeschichtliche Resthypotheken (Monostrukturen), kommunistische Erblasten, ungerechte Handelsregeln und nicht zuletzt das Verschuldungsproblem. Zu den „internen" Faktoren, die den Aufbau von produktiven Wettbewerbsstrukturen verhindern, gehören mangelnde Rechts- und Sozialstaatlichkeit, die Rolle der Macheliten sowie kulturelle, religiöse, ethnische und naturale bzw. klimatische Probleme.

Gerechtigkeit im globalen Wettbewerb bedeutet zunächst die Öffnung der Märkte für jene Produkte, mit denen die ärmeren Länder wettbewerbsfähig sind. Dies sind vor allem landwirtschaftliche Güter und könnten besonders solche sein, deren Herstellung sehr arbeitsintensiv sind, denn die relativ geringen Arbeitskosten stellen einen Standortvorteil dar. Die Hochlohnländer erleiden dadurch einen relativen Standortnachteil, der durch technische Innovationen und Produktivitätssteigerung teilweise kompensiert werden kann. Der Agrarprotektionismus der Industriestaaten jedoch, die ihre eigene Landwirtschaft durch Subventionierung der Nahrungsmittelexporte bzw. durch Importbarrieren schützen, schädigt die Entwicklungsländer womöglich mehr, als durch Entwicklungshilfe wiedergutgemacht werden kann. Der europäische Protektionismus, der unsere relativ Armen schützt, schädigt die wirklich Armen. Eine globale soziale Marktwirtschaft muß nicht nur alles unterlassen, was durch illiberalen Protektionismus die armen Länder schädigt, sondern sollte auch deren Wettbewerbs*fähigkeit* steigern.

9. Die armen Länder können nicht plötzlich auf den wirtschaftlich-technischen Standard der klassischen und neuen Industriestaaten angehoben werden. Das scheitert schon am Kapitalmangel des privaten und öffentlichen Unternehmertums. Modernisierung kann nicht Europäisierung in dem Sinne bedeuten, daß eine spezifisch „westliche" Zivilisation einschließlich ihrer sozialpolitischen Standards unvermittelt aufgepfropft wird.

Aber es geht bei der Armutsüberwindung auch um rationale Effizienzsteigerung, die nicht ohne Technik und Know-how der Industriestaaten erreicht werden kann, einschließlich deren Erfahrungen mit ökologischen Schäden. Als Träger der Entwicklungszusammenarbeit sind nicht nur staatliche Stellen, sondern auch privatwirtschaftliche Unternehmungen und Unternehmer gefordert. Den armen Ländern ist dauerhaft nicht durch Almosen und Darlehen zu helfen, die abhängig machen. Notwendig sind verstärkte Kapitalinvestitionen, die aber gesellschafts- und ordnungspolitische Strukturen voraussetzen, die erst einmal aufgebaut werden müssen.

10. Die Weltgemeinschaft, auch wenn sie einmal zu einer rechtsverbindlich verfaßten Wettbewerbsordnung finden sollte, bleibt subsidiär aufgegliedert in einzelne Kulturen, Nationen, Staaten und Staatengruppen, die freilich eine Reihe von Souveränitätsansprüchen und Privilegien aufgeben müssen, damit *das Ganze* gelingen kann. Denn auch zwischen der Einheit Europas und der *einen* Welt besteht ein subsidiäres Ver-

hältnis, das die Vielfalt nicht einebnet, sondern ermöglicht. Für ein solches weltweit gemeinsames Wertbewußtsein im Dialog mit den Weltreligionen einzutreten, wird eine vorzügliche Friedensaufgabe der Kirche als Weltkirche sein.

Was kommt danach? Was sollte kommen?

Mit dem Kollaps des Realsozialismus schien der Kapitalismus amerikanischer Machart einen weltweiten Siegeszug angetreten zu haben. Inzwischen wird er für globale Finanz- und Wirtschaftskrisen verantwortlich gemacht. Die Krisenanfälligkeit und strukturelle Ungerechtigkeit einer kapitalistischen Wirtschaftsform hat schon seit dem 19. Jahrhundert Kritiker auf den Plan gerufen, vor allem *Karl Marx*. Der lag aber mit seinen geschichtsmetaphysischen Prognosen völlig daneben. Sozialismus und Kommunismus waren keine Wege ins „Reich der Freiheit", sondern in Armut, Knechtschaft und Tyrannei.

Die Kapitalismuskritik der katholischen Soziallehre und Sozialbewegung distanzierte sich darüber hinaus von den weltanschaulichen und ethischen Prämissen des Wirtschaftsliberalismus und lief in der Praxis auf einen „Dritten Weg" zwischen Kapitalismus und Sozialismus hinaus. Aber läßt sich eine soziale Marktwirtschaft, die den Kapitalismus hinter sich läßt, global installieren? Was sollte eine postkapitalistische Weltwirtschaftsordnung auszeichnen?

Die moralischen und strukturellen Defizite des Kapitalismus sind uns seit dem 19. Jahrhundert hinreichend bekannt. Es waren nicht nur marxistische oder katholische Kapitalismuskritiker, die sie zu bereinigen suchten. Die Kritik kam auch aus den eigenen Reihen der Liberalen, die die kapitalistischen Ordnungsdefizite beklagten. Ihr Ordoliberalismus hat den Kapitalismus prinzipiell überwunden. Ihr Konzept war die soziale Marktwirtschaft. Deren langjährige Erfolge haben uns davon überzeugt, daß der Kapitalismus durchaus reformierbar ist.

Und auf eine Wirtschaftsform hinauslaufen kann, die mit der katholischen Soziallehre kompatibel ist.

Freilich gelingt eine solche Synthese nur dann, wenn man bestimmte moralische Imperative und sozialethische Prinzipien ernst nimmt. Durch die Wirklichkeit sind wir aber inzwischen belehrt worden, daß es gerade die ethischen Defizite gewesen sind, die den Rückfall in den Kapitalismus bewirkt haben. Diese Defizite sind es auch, die ihm den Garaus bereiten.

Die finanzkapitalistischen Rückfälle mit ihren ungeheuren Maßlosigkeiten und Wertzerstörungen haben freilich nicht nur den Kapitalismus diskreditiert. Auch die sozial akzentuierte Marktwirtschaft deutscher Prägung hat einen gewaltigen Vertrauensverlust erlitten. Bei den uns aufgezwungenen Notmaßnahmen zur Rettung der Finanzwirtschaft darf es nicht um die Rettung eines internationalen Finanzkapitalismus gehen, der uns ja gerade diese Krise eingebrockt hat. Langfristig geht es vielmehr um neue und tragfähige Regeln, die von allen mitgetragen werden können. Und zwar in moralischer wie in rechtlicher Hinsicht. Dadurch könnte weltweit eine neue Frontenbildung zwischen Krisenverlierern und Krisengewinnern abgewendet werden.

Der globale Kapitalismus hat abgewirtschaftet. Er ist an seiner eigenen Maßlosigkeit gescheitert. Durch wilde Spekulation hat er die gesamte Finanzwirtschaft in ein Chaos gestürzt. Die Selbstzerstörung des globalen Kapitalismus ist nicht das Werk anonymer Geschichtsmächte, deren geheimnisvolles Wirken man wissenschaftlich aufklären und berechnen könnte. Der Zerfall des Kapitalismus folgt nicht einem Geschichtsgesetz, dem die Menschen willenlos folgen. Vor allem kann man nicht mit Sicherheit vorhersagen, wie das kapitalistische Nachfolgemodell aussehen wird. Die Zukunft ist verhangen, und wir stochern mit langen Stangen im Nebel herum.

Aber eines können wir mit Sicherheit annehmen: Es kommt auf die Verantwortungssubjekte an, die ein System bestimmen und tragen. Versagen die Träger moralisch und werden die Stützen des Systems morsch und korrupt, bricht es früher oder später zusammen. Das gilt vor allem für freiheitliche Systeme. Wird die moralische Freiheit derart mißbraucht, wie wir es erlebt haben und noch immer erleben, wird der Ruf nach zwingender Rechtsordnung und staatlicher Kontrolle immer lauter. So kann sich ein Freiheitssystem vor lauter Gier und Rücksichtslosigkeit selber auffressen. Und es entwickelt sich zu einem autoritären System, das irgendeine Moral mit Macht und Gewalt erzwingt.

Der totalitäre Geist ökonomischer Freiheit wird von einem politischen Totalitarismus abgelöst. Und wir können vermuten, daß sich in den Staaten die autoritären und nationalen Elemente verstärken. Manche sehen schon das russische, noch gefährlicher: das chinesische „Modell" auf dem Vormarsch. In Europa scheint sich die soziale Marktwirtschaft zu einer „monetären Planwirtschaft" *(Hans D. Barbier)* zu entwickeln. In den westlichen Demokratien ist die populistisch-opportunistische Anforderung, jetzt schnell einmal Ordnung zu schaffen, durchaus wirksam. Dabei bleiben die moralischen und funktionalen Ordnungsbedingungen völlig offen und verwaschen. Von klarer Ordnungspolitik keine Spur.

Das gilt besonders für autoritäre Ökologisten, die die Welt retten wollen und dafür eine weltweite Planungsdiktatur in Kauf nehmen. Andererseits gibt es eine Renaissance nationaler Wirtschaftsinteressen, die einer globalen Ordnung im Wege stehen. Hier führt die liberal-kapitalistische, von allgemeinen Moralvorstellungen entblößte Mentalität zu einem anarchischen Chaos, das nicht einmal den eingefleischten Liberalen bekömmlich ist. Im Postkapitalismus ist es von der Freiheit zur Knechtschaft nur ein kleiner Schritt.

Keine guten Zeiten also für die Freiheit. Im Freiheitsbegriff liegt der Hund begraben. Denn eine freiheitliche Ordnung in Wirtschaft und Politik setzt Subjekte voraus, die mit ihrer Freiheit verantwortlich, also moralisch umgehen. Subjekte vor allem, die ihre Freiheit nicht verabsolutieren, sondern die Freiheit der anderen achten. Das betrifft heute vor allem die postkapitalistische Weltwirtschaftsordnung, deren Subjekte die vielen Nationen sind.

Wenn man doch wenigstens aus Rücksicht auf gemeinsame Geschäftsinteressen friedliche Konfliktlösungen anstreben würde, könnte man über den Verlust moralischer Werte und rechtlicher Regeln leichter hinwegkommen. *Immanuel Kant* griff in seiner Schrift „Zum ewigen Frieden" noch auf den vermeintlichen „Mechanism" der Natur zurück, nämlich auf den „wechselseitigen Eigennutz" der Menschen: „Es ist der Handelsgeist, der mit dem Kriege nicht zusammen bestehen kann, und der früher oder später sich jedes Volks bemächtigt."

Als Garanten des „ewigen Friedens" haben sich die eigennützigen menschlichen Neigungen leider nicht geschichtlich bewährt, im Gegenteil. Es wäre zu schön gewesen, Kriege durch Marktwirtschaft und friedlichen Wettbewerb ablösen zu können. Jetzt tritt die Globalisierung mit einigen häßlichen Begleitern in Erscheinung. International vernetzt und technisch aufgerüstet ist nun auch der Terrorismus, und der Krieg findet immer neue Gründe und Formen. Vor allem geht es um Rohstoffquellen und freie Wege für die Energieversorgung.

Mit dieser Art von Fortschritt und Modernisierung hat die friedensoptimistische Aufklärung sicher nicht gerechnet. Wohl auch deswegen nicht, weil sie die positiven Wirkkräfte wie auch die gefährlichen Gewaltpotentiale unterschätzte, die in den unterschiedlichen Weltreligionen und Wertkulturen begründet liegen. Angesichts von Krieg und Frieden müssen formale Zweckrationalität und reines Rechtsdenken kapitulieren. Denn sie bekommen die religiösen, moralischen und kulturellen Implikationen dieses Problems nicht in den Griff. Ob es die Religionsgemeinschaften und ihre Theologen begreifen und auch lösen können, hängt nicht nur von ihrem guten Friedenswillen ab, sondern vor allem von der Stärke ihrer rationalen Argumente, mit denen sie die weltliche Wirklichkeit nicht religiös oder idealistisch überfordern.

Die katholische Weltkirche hat einige Antworten auf die globalen Überlebens- und Ordnungsfragen schon seit längerem formuliert. Die Zehn Gebote, auf denen das katholische Naturrechts- und Menschenrechtsdenken aufbaut, bieten sich als Grundlage für ein Weltethos geradezu an.

Manchmal scheint es, als sei unser guter alter Papst mitsamt der Kirche jene letzte Friedensinstanz, die viele ersehnen. Nicht daß sie einen dogmatischen Wahrheitsanspruch darauf hätte. Ihre Soziallehre läßt unterschiedliche Abwägungs- und Ermessensurteile zu und viele Fragen offen. Wie auch das Völkerrecht. Die Frage ist, wie sich die Chancen für ein weltweites interreligiöses Gespräch verbessern und institutionell festigen lassen. Daß besonders die katholische Kirche als Weltkirche diesem substanziellen Dialog vorangeht, darf man für wünschenswert und sogar notwendig erachten.